इलाहाबाद पैसेंजर

इलाहाबाद विश्वविद्यालय और दिल्ली विश्वविद्यालय से उच्च शिक्षा प्राप्त डॉ. संजीव राय शिक्षाविद्, डेवलपमेंट प्रोफ़ेशनल और लेखक हैं। आपको भारत, कतर व अफ़गानिस्तान में अंतरराष्ट्रीय संस्थाओं के साथ कार्य करने का अनुभव रहा है। आप अफ़गानिस्तान में स्वीडिश कमेटी के शिक्षा सलाहकार रहे। साथ ही, आपने नेपाल के राजशाही से लोकतांत्रिक देश बनने के संक्रमण और संघर्ष में बच्चों और स्कूलों की स्थिति पर पीएचडी की है।

डॉ. राय की अंग्रेज़ी में लिखी *कॉन्फ्लिक्ट, एजुकेशन एंड पीपल्स वॉर इन नेपाल* और हिन्दी में प्रकाशित *कोरोना काल में शिक्षा : बदलाव और नए प्रयोग* चर्चित पुस्तकें हैं। आपने टाटा इंस्टिट्यूट ऑफ सोशल साइंसेज़, मुंबई और कुछ अन्य विश्वविद्यालयों के लिए पाठ्यक्रम निर्माण और अध्यापन कार्य किया है। आपने अँग्रेज़ी और हिंदी अख़बारों में लेखन भी किया है। आप पूर्व विशेष कार्य पदाधिकारी (उच्च शिक्षा), राज्यपाल-झारखंड भी रह चुके हैं और वर्तमान में आप कुल सचिव, दिल्ली शिक्षक विश्वविद्यालय के रूप में कार्यरत हैं।

इलाहाबाद पैसेंजर

संजीव राय

MANJUL
मंजुल कथाकार
मंजुल पब्लिशिंग हाउस का इम्प्रिंट

MANJUL

मंजुल कथाकार

मंजुल कथाकार, मंजुल पब्लिशिंग हाउस का इम्प्रिंट है

कॉरपोरेट एवं संपादकीय कार्यालय

• द्वितीय तल, उषा प्रीत कॉम्प्लेक्स, 42 मालवीय नगर, भोपाल-462 003

विक्रय एवं विपणन कार्यालय

• सी–16, सेक्टर 3, नोएडा, उत्तर प्रदेश, 201301

वेबसाइट : www.manjulindia.com

वितरण केन्द्र

अहमदाबाद, बेंगलुरू, कोच्चि, कोलकाता, चेन्नई,

हैदराबाद, मुम्बई, नई दिल्ली, पुणे

यह संस्करण मंजुल कथाकार में मंजुल पब्लिशिंग हाउस प्रा. लि.

द्वारा 2026 में प्रकाशित

इलाहाबाद पैसेंजर

ISBN 978-93-7317-771-7

आवरण चित्र : विजेंद्र एस. विज

टाइपसेटिंग : डीजीअल्ट्राबुक्स प्रा. लि., नई दिल्ली

मुद्रण व जिल्दसाज़ी : रेप्रो इंडिया लिमिटेड

इलाहाबाद विश्वविद्यालय के दोस्तों, गुरुजनों और शहर को, जो संघर्ष, हँसी, उदासी, बहस, जज़्बे और जिजीविषा के गवाह रहे हैं और जिनसे हमारे सपने और मूल्य बुने गए।

उस परम्परा को जहाँ जूनियर-सीनियर और दोस्ती का रिश्ता, समय के ताप से पिघला नहीं है और अभी भी अपनी बुनियाद पर कायम है।

उपन्यास की संस्तुति

1990 के बाद के वर्षों में हिंदी समाज, विश्वविद्यालयों और गाँव-शहर के बदलावों को प्रयाग जैसे ऐतिहासिक शहर की गलियों और हास्टल की पृष्ठभूमि में युवाओं के संघर्ष, दोस्ती, प्रेम, अभाव, असफलताओं, और उम्मीद को बेहद संवेदनशील तरीक़े से प्रस्तुत किया गया है। इस कथा यात्रा में युवा हरी प्रसाद के एच पी बनने के संघर्ष, बदलाव और अन्दर का खालीपन आपको देर तक पकड़े रहती है।

—सर्वेन्द्र विक्रम, शिक्षाविद और साहित्यकार।
उत्तर प्रदेश सरकार में वरिष्ठ अधिकारी रहे
सर्वेन्द्र विक्रम इलाहाबाद विश्वविद्यालय के पूर्व छात्र हैं!

यात्रा सारणी

यात्रा की भूमिका

तीस-चालिस साल की अनवरत यात्रा और फिर एक पड़ाव पर ठहर कर पीछे देखने की मधुर स्मृतियों में पैर के छाले कब ठीक हो गए, पता ही नहीं चला। समय और परिस्थिति की आँच में तपता हुआ यात्री जब एक ठीहे पर पहुँचता है तो उसके पास अल्प विराम का विकल्प और फिर आगे की यात्रा की मंशा होती है। *इलाहाबाद पैसेंजर* जिस इंजन, पटरी और स्टेशन से गुज़रती है उसमें कई लोगों का प्रत्यक्ष-अप्रत्यक्ष योगदान है। दशकों बाद कुछ घटनाओं को जीवंत ढंग से साझा करने के लिए राजीव रंजन (राजन), रवि चतुर्वेदी और अभय अवस्थी सर की किस्सागोई शैली से मदद मिली।

ब्रजेश यादव ने पाण्डुलिपि को निखारने और उसके रंगरोगन में महत्त्वपूर्ण भूमिका निभाई। डॉ स्वाति ने पाण्डुलिपि के दो शुरुआती ड्राफ्ट पढ़े और उम्मीद बँधाई कि लोगों के लिए एक कहानी बन रही है।

अनु सिंह चौधरी के सुझाव से कहानी में कुछ ज़रूरी तत्त्वों को धार मिली और अपनी व्यस्तता के बीच उन्होंने पाण्डुलिपि पढ़कर, अपनी समीक्षात्मक टिप्पणी भी लिखी। सर्वेंद्र विक्रम सर ने उपन्यास की कमज़ोर कड़ियों को चिन्हित किया और उन्हें कसने की ज़रूरत तो बताई ही, साथ में *इलाहाबाद पैसेंजर* नाम भी सुझाया।

प्रमोद सिंह (पी.के.),अमर यादव, ओ.पी. सिंह, राजू मिश्रा सर, लल्लन सिंह, कादरी, भाई ज्ञानेंद्र राय, अखिलेश शर्मा, स्व प्रेमेन्द्र गांधार और स्व अनुज शाही (दोनों टी.सी. हॉस्टल से), सीनियर रहे स्व उपेंद्र राय, स्व प्रवीण राय और मित्र स्व अखिलेश सिंह, स्व कमल मिश्रा (चारों पी.सी.बी. हॉस्टल से), छात्रसंघ के पूर्व अध्यक्ष स्व शोभनाथ सिंह जी आदि के बिना *इलाहाबाद पैसेंजर* आगे नहीं बढ़ सकती थी।

कामरेड राम कृष्ण यादव, शिव प्रताप, प्रेमचंद यादव, नरेंद्र भारद्वाज, सुनील राय, गुड्डू बाबू, तेजू, राकेश तिवारी, स्व धर्मेंद्र राय आदि लोग *इलाहाबाद पैसेंजर* के अलग-अलग डिब्बों में सवार रहे हैं।

इलाहाबाद विश्वविद्यालय के अग्रज, रंजीत सर, श्री प्रकाश सर, उमेश सिंह, सुधीर सिंह, सत्य नारायण सर, डॉ शशिकांत राय सर, राजेश अभय सर, एस.पी. सिंह सर, प्रताप सोमवंशी सर, विमल सिंह सर और मित्र जीतेन्द्र श्रीवास्तव, मंजुल, एस.बी.एन. तिवारी आदि ने अनुभवों को समृद्ध किया और उत्साह वर्धन करते रहे हैं।

कभी देश के लिए कुशल नेता और प्रशासक देने वाली संस्था के सुनहरे अतीत की दिल्ली-मुंबई में याद दिलाने वाले मित्रों, अजय पांडेय, शम्भू चौधरी, विनोद शुक्ला, रत्नेश गौतम, रुचि, नीलिमा, प्रवीण, सुधांशु ओझा, जे.पी. तिवारी, अजीत सिंह, राकेश उपाध्याय, अनुज श्रीवास्तव, सिद्धू, देव सिंह आदि का आस-पास होना बताता है कि हम सब अभी तो यूनिवर्सिटी से निकले हैं!

मंजुल प्रकाशन के सुशांत झा और शिवानी खरे ने उपन्यास के संपादन के साथ, कुछ पात्रों के व्यक्तित्व निखारने की तरफ ध्यान दिलाया। विजेंद्र विज ने पुस्तक का कवर बनाया।

पत्नी अलका ने धैर्य के साथ कहानी के अलग-अलग हिस्सों को सुना और खरी-खरी टिप्पणी की, जिससे धुँध साफ़ हो सकी।

बिट्टू-कुट्टू ने हमारी व्यस्तता के चलते, अपनी ज़रूरतों के साथ समन्वय बैठाया।

आप सभी का हृदय से आभार।

स्मृतिशेष प्रो जी.के. राय जी को सादर नमन।

कई दशक की यात्रा में सभी नाम समाहित करना, संभव नहीं है इसलिए गुरुजनों, परिजनों और देश-दुनिया में फैले इलाहाबाद विश्वविद्यालय के वरिष्ठ-कनिष्ठ महानुभावों को यथोचित अभिवादन के साथ...

संजीव राय

नवम्बर, 2025

यात्रा की पृष्ठभूमि

कभी पूर्व के ऑक्सफ़ोर्ड कहे जाने वाले इलाहाबाद विश्वविद्यालय में ऊँची उड़ान का सपना लेकर पूर्वी उत्तर प्रदेश के बलिया जिले के हरि प्रताप (एच.पी.) का एडमिशन हो गया है। एच.पी. सन् 1980 से 2000 के बीच के उस इलाहाबाद के केंद्र में हैं, जिसमें मोबाइल नहीं, पीसीओ हैं। गर्ल्स हॉस्टल में एक रुपए के सिक्के वाले टेलीफ़ोन हैं, जहाँ बात करने और सुनने के लिए लाइन लगती है। कुछ लड़कों का आकर्षण लल्ला चुंगी है जो गर्ल्स हॉस्टल के सामने का चौराहा है। वहाँ हॉस्टल की लड़कियाँ कुछ-न-कुछ सामान खरीदने आती हैं और लड़के चाय पीने के लिए जाते हैं।

1988 में पहली बार इस विश्वविद्यालय में एडमिशन एंट्रेंस एग्ज़ाम से शुरू हुआ और हरि प्रताप को एडमिशन मिल गया। अठारह-उन्नीस साल की उम्र, रंग गेहुँआ, सामान्य कद, बेतरतीब उगी हल्की मूँछें और छितराई दाढ़ी के साथ, पैंट शर्ट पर एक्शन का स्पोर्ट-शू और हिंदी बोलने में भोजपुरी लचक; हरि प्रताप से मिलने वाले को उसकी निम्न मध्यमवर्गीय पृष्ठभूमि और सामान्य स्कूल में हुई पढ़ाई का परिचय उसके अंदाज़ से बिना बताए ही मिल जाता है। हरि प्रताप के लिए बीए में एडमिशन महज़ बारहवीं के बाद उच्च शिक्षा की गाथा नहीं थी,

बल्कि एक ऐसा संक्रमण है जिसमें छोटे शहर की जगह इलाहाबाद है, स्कूल की जगह विश्वविद्यालय है; परिवार की जगह दोस्त हैं और लड़कपन की जगह जवानी का बड़ा कैनवास। संक्रमण में जो कुछ छूटता है, उसका दर्द और कुछ नया मिलता है। उसकी ख़ुशी एक साथ सँभालता हुआ हरि प्रताप अब नए बने दोस्तों के लिए "एच.पी." है।

सौ साल पहले बने विश्वविद्यालय का चेहरा और चरित्र बदल चुका है। कभी संभ्रांत शहरी और ज़मींदार परिवार के युवाओं-युवतियों के आधिपत्य वाला विश्वविद्यालय और इलाहाबाद शहर अब निम्न मध्यवर्गीय दबाव का गवाह है, जैसे किसी बड़े शहर के भीतरी हिस्से में रसूखदार लोग रहते हैं और उसकी बाहरी परिधि पर कामगार, वैसे ही दारागंज, अल्लापुर, सोहबतियाबाग, सलोरी, राजापुर आदि मुहल्लों में निम्न मध्यवर्गीय मकान-मालिक और उनकी बनाई दुनिया में ऐसे ही छात्रों की बहुलता है।

हॉस्टल में एल्युमनाई कोटा, मेरिट कोटा के अलावा बैकडोर कोटा भी होता है जो सत्र के बीच में या दूसरे साल में उन चुनिंदा छात्रों को मिलता है जो जाति, गाँव, गुट या अधिकारी के जुगाड़ से किसी हॉस्टल में आ जाते हैं। लेकिन एच.पी. अभी तक हॉस्टल का चक्रव्यूह नहीं भेद पाए। एच.पी. की साथ पढ़ने वाली लड़कियों से दोस्ती की ललक, झिझक, चंदा मिलाकर पहली बार वयस्क फिल्म देखने का अनुभव, यूनिवर्सिटी में छात्रसंघ चुनाव, कुम्भ मेले को इलाहाबादी छात्रों की अलग-अलग मायावी नज़रिए वाली दुनिया में ले जाती हैं। एच.पी. डेलीगेसी हॉस्टल के उस दौर में हैं जहाँ यूनिवर्सिटी रोड पर पचहत्तर पैसे की चाय है, बन-मक्खन है, इलाहाबाद में बने रहने का संघर्ष है और दिल जुड़ने-टूटने का सबब भी है। नई-पुरानी किताबों की खरीद-बिक्री के साथ राष्ट्रीय-अंतरराष्ट्रीय-स्थानीय मुद्दों पर बहस है।

एक बेहतर जीवन की उम्मीद और फ्रस्ट्रेशन के दो पहियों पर यह यात्रा चलती रहती है जिसमें कभी पलायन तो कभी पराक्रम का भाव है।

एच.पी. की अपनी जीवन-यात्रा में एक-से-एक बकलोल, बड़े-बड़े बकैत और भौकाली लोग आते हैं जिनमें से कुछ अपने सपनों को साकार करते हैं, तो कुछ टूटे सपनों के साथ कई साल इलाहाबाद में रहने के बाद घर वापस चले जाते हैं। इस सबके बीच जिन कुछ दोस्तों को प्यार हुआ, जिन कुछ का दिल टूटा, उनको भी इन कहानियों में सहज रूप से जगह मिली है। हॉस्टल और लल्ला चुंगी के अलावा एच.पी. का संसार यूनिवर्सिटी रोड की पान-चाय की टपरी, मम्फोर्डगंज-कटरा में किसी दोस्त के कमरे पर अंडा करी-चावल का निमंत्रण, लक्ष्मी टॉकीज़ में रात के शो में फ्री की फिल्म और कभी-कभार सिविल लाइन्स घूमने तक सीमित है। एच.पी. के साथ वाले कुछ आईएएस और पीसीएस में सेलेक्ट हो गए, कुछ के घर से जब पैसे आने बंद हो गए तो वे छात्र राजनीति में उतर आए और कुछ हाईकोर्ट में प्रैक्टिस करने लगे। एच.पी. अब सीनियर बन गए लेकिन फिर भी अधिकतर जूनियर्स के साथ दोस्ती रखते हैं। उनको मज़ा कराते हैं और कभी-कभी उनके साथ खेल करते हैं।

यात्रा आरम्भ

वह संडे का दिन था, जब पहली बार मैं हरि प्रताप उर्फ़ एच.पी. के लेबर चौराहे के पास वाले कमरे पर गया। एच.पी. मेरा सहपाठी था। उसका रंग गेहुँआ और लम्बाई पुलिस के दरोगा जैसी थी; लेकिन उसके बाल थोड़े बड़े और कपड़े निम्न मध्यमवर्गी समुदाय के हिसाब से फैशन वाले होते थे। मज़ाकिया स्वभाव के चलते कम ही समय में यूनिवर्सिटी में एच.पी. के बहुत से दोस्त बन गए थे।

एच.पी. के कमरे पर जब मैं दिन में पहुँचा तो दरवाज़ा थोड़ा-सा खुला हुआ था। उसने पहले ही बताया था कि वह अपने त्रिभुवन भइया के साथ रहता है। मैंने कमरे में झाँककर देखा कि उसके त्रिभुवन भइया चौकी पर लँगोट पहनकर लेटे हुए हैं और एक सिर मुंडा हुआ ठिगने बदन का, गहरे साँवले वर्ण का आदमी, उनकी पीठ पर मालिश कर रहा है। भइया पीसीएस की तैयारी कर रहे थे और साथ में सीएमपी कॉलेज से एलएलबी कर रहे थे। मैं अभी भी दरवाज़े पर खड़ा था, तभी भइया आँख मूँदे-मूँदे बोले, 'अबे मेवालाल! हाथ में जोर है कि नाहीं? अउर तेल लगाओ। अभी पीठ सूखी है।'

मेवालाल, 'हाँ, भइया!' कहते हुए तेल की शीशी से थोड़ा और तेल डालकर मालिश करने में जुट गया। विद्यार्थियों के रहन-सहन

के हिसाब से किसी प्रतियोगी की मालिश का दृश्य मेरे लिए अचंभित करने वाला था।

मैंने किवाड़ पर ठक-ठक किया तो कोने में कुर्सी पर *प्रतियोगिता दर्पण* हाथ में लिए एच.पी. ने मुझे देख लिया और बाहर ही खड़ा रहने का इशारा किया। एच.पी. ने टी-शर्ट बदली और बाहर आ गया।

'कस बे! चाय पिओगे?' कहकर वह हँसते हुए मुझे साथ लेकर चाय की दुकान पर आ गया। उसकी हँसी में यह भाव था कि फ्री में तो लोग चाय क्या, ज़हर भी पी लेंगे!

दुकान पर छोटे वाले समोसे खाए गए और फिर चाय पी गई। एच.पी. ने चलते समय चाय-समोसे के पैसे नहीं दिए। उस दुकान पर एच.पी. के भइया का उधार खाता चलता था। चाय पीने के बाद जब हम वापस कमरे पर आए तो मेवालाल अपना सामान समेट रहा था। एच.पी. ने त्रिभुवन भइया से मेरा परिचय करवाया। मैंने झुककर भइया को प्रणाम किया।

भइया ने मुस्कुराते हुए हमसे कहा, 'बाल कटवा लो मेवालाल से!'

मैं बाल कटवाने की किसी तैयारी से तो गया नहीं था। सो हीहीही करते हुआ बोला, 'बाद में कभी कटवा लूँगा, भइया।'

इस बीच मेवालाल अपना टिन वाला छोटा बक्शा लेकर तेज़ क़दमों से कमरे से निकल चुका था। मेवालाल का संगम पर ठीहा था। वह वहीं नदी के तट पर बोरा बिछाकर तीर्थ यात्रियों, पिंडदान करने के लिए आने वालों का मुंडन करता था।

त्रिभुवन भइया देखने में सिनेमा वाले सुनील शेट्टी का ग्रामीण संस्करण लगते थे। पता नहीं कैसे मेवालाल भइया के जाल में फँस

गया था। पिछले तीन साल से त्रिभुवन भइया के कमरे पर आकर बाल काटने, मालिश करने, काँख के बाल साफ करने की ज़िम्मेदारी मेवालाल ने ले ली थी। त्रिभुवन भइया मेवालाल को मालिश और बाल काटने के बदले में पैसा नहीं देते थे, बल्कि उसके बेटे जित लाल को फ्री में पढ़ाते थे। जित लाल चौथी कक्षा में पढ़ता था। जित लाल भइया के कमरे पर आता तो ट्यूशन पढ़ने था लेकिन पढ़ाई से पहले कमरे में रखे चाय के बर्तन और गिलास-कटोरा धोना उसकी गुरुभक्ति पाठ्यक्रम का हिस्सा था। त्रिभुवन भइया जित लाल को भविष्य के समाज के लिए तैयार कर रहे थे, इसलिए उसे अक्सर गरियाते हुए कहते, 'बाप के नाम साग-पात, बेटा के नाम परोरा! बुजरो के पढ़े चलें हैं!' जित लाल बोरे पर बैठा चुपचाप मुंडी नीचे करके कॉपी में ऐसे नज़र गड़ा लेता, जैसे किसी ने उसे कुछ कहा ही न हो। जाते समय जित लाल भावहीन चेहरे के साथ झोला उठाकर चला जाता। अक्सर बच्चे अपने सामाजिक परिवेश के इतने पारखी होते हैं कि वे अपने अभिभावकों की हैसियत और मजबूरी बिना बताए समझ जाते हैं।

मेरा एच.पी. से परिचय बीए फ़र्स्ट ईयर में हुआ था। उस दिन पॉलिटिकल साइंस की क्लास से बाहर निकलते ही एच.पी. ने जब भोजपुरी लहजे में कहा कि "मैडमवा बहुत तेज पढ़ा रही है, सुनूँ, समझूँ कि लिखूँ!" तभी मुझे लगा था कि अँग्रेज़ी मीडियम की कक्षा में मेरी तरह बारहवीं तक हिंदी मीडियम में रहे और भी लोग हैं; और इस तरह एक सामूहिक चिंता ने सहपाठियों के बीच दोस्ती का पुल बना दिया। जीवन में ख़ुशियाँ ही नहीं, अक्सर एक साझा चुनौती भी लोगों को क़रीब ला देती है; और अँग्रेज़ी मीडियम के दबाव से एच.पी., सुरेश, समर, शर्मा, अजय, लल्लन—सभी से हमारी दोस्ती हो गई। एच.पी. और हम यूनिवर्सिटी रोड से साथ-साथ अँग्रेज़ी मीडियम की किताब और अँग्रेज़ी से हिन्दी वाली डिक्शनरी खरीद

लाए और क्लास के बाद हम आपस में समझने की कोशिश करते कि का कहा गया आज क्लास में! ख़ैर...

एच.पी. के त्रिभुवन भइया, उसके मामा के लड़के थे। आठ साल से उसी मुहल्ले में रहने से आसपास वाले उन्हें जानते थे। चाय-पानवाले, प्रेसवाले दुकानदार, यूनिवर्सिटी के छात्रों को "भइया" कहकर सम्बोधित करते थे, लेकिन अपने मन में उनको ततैया का झुंड ही समझते थे और उनके साथ उलझने से बचते थे। मंडल विरोध का आंदोलन हो अथवा चुनाव में भगदड़, मुहल्ले के कई दुकानदार छात्रों की भीड़ से चौकन्ने रहते थे। लेबर चौराहा हो या तेलियरगंज, जब शाम को छात्रों की चलती सभा के आसपास पुलिस अपनी लाठी तैयार करने लगती तो कुछ प्रतियोगी परीक्षा और विवाह के लिए ओवर ऐज हो चुके वरिष्ठ छात्र उसी समय केला, फूल गोभी, लौकी पर निगाह रखते। उधर लाठी चार्ज होता और भगदड़ मचती, तो वे लोग हाथ में फूल गोभी या लौकी उठाए भागते। इसलिए मुहल्ले में रहने वाले छात्रों के लिए दुकानदार "भइया" शब्द सम्मान से कम, अपने लिए रक्षा कवच के तौर पर अधिक उपयोग करते थे।

हफ्ते-दस दिन के अंतराल पर मैं एच.पी. के कमरे पर चला जाता था। कभी नोट्स बनाने तो कभी कोई किताब लौटाने और कभी ऐसे ही मिलने। मैंने त्रिभुवन भइया को कभी-कभी ही पढ़ते देखा था, लेकिन एक दिन पता चला कि भइया पुलिस में दरोगा बन गए। त्रिभुवन भइया के लॉज के तीन-चार लड़के मदन की दुकान पर चाय पी रहे थे। किसी ने वहाँ भइया के दरोगा बनने की चर्चा शुरू की। मदन चीकट हो चुकी बनियान पहने था और उसका मटमैला हो चुका सफ़ेद पाजामा, उसकी तोंद से नीचे टिका था। कुल्हड़ से चाय में चीनी डालते हुए मदन बोला, 'भइया जी! भगवान की किरपा हो तो आदमी

कहाँ-से-कहाँ पहुँच जाता है। देखो, समय जरूर लगा लेकिन तिरभुवन भइया भी दरोगा बनी गे!'

छात्रों का झुंड मदन की बात सुनकर मुस्कुराने लगा। छात्रों के मुस्कुराने से उत्साहित मदन ने हींहींहीं करते हुए अपनी बात आगे बढ़ाई, 'भइया को टरेनिंग की जरूरत नहीं है, ऊ तो गारी देयका प्रैक्टिस पहिले से ही करे हैं।' हींहींहीं करते हुए मदन केतली से शीशे के गिलास में चाय डालने लगा।

अब त्रिभुवन भइया का सिलेक्शन हो गया था तो वह कमरे में बैठकर क्या उखाड़ते? भइया जब ट्रेनिंग पर चले गए तो एच.पी. ने खुद ही वह कमरा छोड़ दिया और मटियारा रोड पर अपने दोस्त निरंजन के साथ मिसरा लॉज में रहने आ गया। पहले एक सप्ताह तो एच.पी. और निरंजन की खूब पटती रही। निरंजन गाज़ीपुर जिले से था और लम्बी कद-काठी के साथ बाँहदार बनियान और खद्दर का गमछा लपेटे हुए किसी नए भर्ती हुए सिपाही की तरह लगता था।

छात्रों के बल पर जो गुप्ता, यादव, शर्मा भोजनालय शहर में चलते, वह पता नहीं क्या जादू करते कि वहाँ भरपेट खाने के बाद छात्रों को कमरे तक आते-आते भूख लग जाती। दो-तीन महीने के बाद डेलीगेसी के छात्र समझ जाते कि अब खाना नहीं बनाया तो हाथ अगरबत्ती और पैर मोमबत्ती हो जाएगा! कुछ मजबूरी न होती तो भला कौन छात्र खाना बनाने की ज़ेहमत उठाता?

हॉस्टल से बाहर रहने वाले बहुतायत छात्र, उन दिनों पढ़ने के साथ-साथ अपने छोटे कमरे में ही मिट्टी तेल वाले स्टोव पर खाना बनाते। वही कमरा बैडरूम, स्टडीरूम, किचन, गेस्ट रूम—सब होता। एच.पी. और निरंजन, दोनों शाम को साथ-साथ पास के लेबर चौराहा जाते, सब्ज़ी, अंडा, दूध, पावरोटी (ब्रेड) वगैरा ले आते। दिन में बी-डी-सी

अर्थात भात-दाल-चोखा बनता तो शाम को कभी फूल गोभी, मटर-टमाटर वाली तहरी; तो किसी दिन अंडा करी, तो कभी मिक्सवेज।

जिस दिन कुछ समझ नहीं आता तो निरंजन पूछता, 'आज क्या बनेगा मित्र?'

एच.पी. कहता, 'पूरी-सब्ज़ी बन जाए का?'

फिर मुस्कुराते हुए दोनों दोस्त लग जाते। एक सब्ज़ी काटने में जुट जाता तो दूसरा आटा गूँधने में। डालडा का खजूर छाप नीला पैकेट, छनौटा, कड़ाही, चौकी-बेलन—सब स्टोव के पास जमा दिया जाता। पहले कुकर में सब्ज़ी बनती। फिर पूरी के लिए कड़ाही चढ़ती। निरंजन पूरी बेलता तो एच.पी. छनौटा लेकर पूरी छानता। फिर फर्श पर अख़बार बिछाकर, गरम-गरम सुनहरी-सुनहरी पूरियाँ, आलू-टमाटर की सब्ज़ी, हरा मिर्चा, आम का अचार लेकर दोनों दोस्त इत्मीनान से खाने बैठते।

एच.पी. और निरंजन इलाहाबाद आए थे तो पढ़ने लेकिन खाना बनाने में और गर्मी में विश्वविद्यालय तक साइकिल से आने-जाने में पूरा दिन चला जाता। शाम तक थकान अलग हो जाती। गमछा पानी में भिगाकर, सिर पर बाँधकर एक खड़-खड़ करते पंखे से आती हवा के सहारे कोई कितनी देर पढ़ता? इधर सर्दी के दिनों में बिस्तर से उठने और टॉयलेट जाने में इतनी मेहनत लगती कि एच.पी. ने कई बार सोचा कि वह किसी अस्पताल से पेशाब की थैली ले आए और उसे लगाकर सोया करे।

एक छोटे प्रयोग के तौर पर एच.पी. कपड़े की दुकान से एक डंडा उठा लाया। अपनी चौकी पर बैठे-बैठे उस डंडे से पंखा-लाइट को ऑन-ऑफ़ करता। पानी पीने के लिए भी दोनों रूम पार्टनर गिलास पर निर्भर नहीं थे। नहाने वाले मग से ही पानी पीकर सीधे उसे बाल्टी

में फेंकते थे। दोनों का निशाना इतना सधा हुआ होता था कि मग सीधे बाल्टी में ही जाकर गिरता। धीरे-धीरे इन दोनों की देखा-देखी में लॉज के कई लड़कों ने पंखा-लाइट को ऑन-ऑफ़ करने के लिए डंडा और पानी पीने के लिए मग रख लिया। ऐसे में छात्रों के कई कमरों में गिलास एक कोने में धूल खाने को अभिशप्त था।

एच.पी. और निरंजन को साथ रहते हुए दो महीने कैसे बीते, पता ही नहीं चला। वह रविवार का दिन था। एच.पी. ने आलू-बैंगन की सब्ज़ी बनाई और निरंजन ने रोटी। खाना खाने के बाद निरंजन अपनी चौकी पर लोट गया। करवट लेते ही भड़-भड़-भड़ की आवाज़ के साथ उसके पेट की हवा बाहर आई। एच.पी. हँसने लगा और बोला, 'अरे भाई! पाजामा तो नहीं फट गया।' कमरे से ठहाके की आवाज़ बाहर तक गूँजी। निरंजन मुस्कुरा तो दिया लेकिन कुछ बोला नहीं।

शाम का समय था। कमरे में निरंजन और एच.पी. के अलावा दो दोस्त, सुशील और राकेश भी बैठे थे। गप-शप चल रही थी। एच.पी. ने एक किस्सा सुनाया, 'एक आदमी की शादी हुई। आदमी को तेल-घी खाने, दूध पीने से बहुत गैस बनती थी तो सुहागरात में जैसे ही आदमी के पेट में गैस खलबली मचाती, आदमी इधर-उधर की बात करने लगता। इस तरह वह अपनी नई-नवेली दुल्हन का ध्यान भटकाने की कोशिश करता। दो-तीन दिन तो उसकी पत्नी ने संकोच किया और कुछ नहीं बोली। फिर चौथे दिन जैसे ही आदमी हिलने-डुलने लगा और बात बदलकर दुल्हन से पूछा कि तुम कितनी बहिन हो? दुल्हन ने प्यार से जवाब दिया, 'वैसे तो हम पाँच बहनें थीं लेकिन अब चार ही समझो!'

आदमी चौंका और बोला, 'चार! चार ही क्यों?'

दुल्हन ने धीरे-से बोला, 'अरे इस पदाई पर मैं कितने दिन तक ज़िन्दा रहूँगी!'

सभी दोस्त ठहाका मारकर हँसने लगे।

निरंजन को यह चुटकुला दिल में चुभ गया। उसको लग गया कि एच.पी. ने उसको ही निशाना बनाकर यह चुटकुला सुनाया है। अब छोटी-छोटी बातों को लेकर एच.पी. और निरंजन में मन-मुटाव बढ़ने लगा। एक दिन निरंजन एक मच्छरदानी लाया और अपने तख़्त पर लगा दी। एच.पी. को लगा कि निरंजन ने जान-बूझकर मच्छरदानी लगाई है ताकि सब मच्छर उसी की तरफ आ जाएँ। एच.पी. ने यह भी नोटिस किया कि निरंजन अक्सर अपना एक हाथ पाजामे में डाले रहता है। सम्बन्धों में जब खटास आ जाती है तो सामान्य चीज़ें भी विकृत रूप में दिखने लग जाती हैं।

तो अब दोनों रूम पार्टनर खाना बनाने में भी तिरछे देखते रहते कि कौन पहल करता है? जब एक पार्टनर दाल बनाता तो दूसरा उठकर चावल बना देता। कोई तीसरा बर्तन न धोना पड़े, इसलिए दोनों पार्टनर अब थाली की जगह अपने-अपने कुकर में ही खाना खाने लगे। अब दोनों का मामला कुछ ऐसा हो गया कि अपना-अपना घी, अपना-अपना अचार, तेल-सब्ज़ी—सबका हिसाब अब कॉपी में लिखा जाने लगा और महीने के आखिर में एक-एक पैसे का हिसाब होता। किसी एक का कोई दोस्त आ जाता और चाय-पानी पीता तो दूसरा पार्टनर मुँह बनाने लगता।

आखिर एक दिन एच.पी. ने कह ही दिया, 'यार निरंजन! यूनिवर्सिटी आने-जाने में बहुत थकान हो जा रही है, चलो उधर ही कमरा ले लिया जाए।'

निरंजन मानो पहले से ही उत्तर देने के लिए तैयार बैठा हो। उसका जवाब आया, 'यार! हम तो यहीं रहेंगे, तुमको असुविधा है तो अपना देख लो।'

एच.पी. चाह तो यही रहा था लेकिन उसे ऐसी उम्मीद नहीं थी कि इतना सीधा-सपाट जवाब मिलेगा। वह चुपचाप मुँह चादर में ढँककर सोने का नाटक करने लगा। उसे कहीं पढ़ी हुई लाइन याद आई कि अनिर्णय में रहना, ग़लत निर्णय से अधिक हानिकारक हो सकता है। फिर क्या था, एच.पी. अगले दिन से ज़ोर-शोर से अपने लिए कमरे की तलाश में जुट गया।

कमरे की तलाश

एच.पी. के एक दूर के रिश्तेदार ने यूनिवर्सिटी के पास वाले सलोरी मुहल्ले में किराए का कमरा लिया था। वह पॉलिटेक्निक में एडमिशन के लिए तैयारी कर रहा था। एच.पी. ने उससे अपनी समस्या बताई तो वह एच.पी. को अपने साथ रखने के लिए तैयार हो गया। दो दिन बाद गुरुनानक जयंती की छुट्टी थी तो एक पैडल वाले ठेले पर गद्दा-कम्बल, वीआईपी वाला सूटकेस, मच्छरदानी, किताबें और किताबों वाला रैक, बाल्टी-मग्गा, रेडियो, घी-अचार का डिब्बा लादे एच.पी. सलोरी पहुँच गया। एच.पी. सलोरी पहुँचकर ख़ुश था, तो निरंजन एच.पी. के चले जाने से।

वैसे तो सलोरी वाला कमरा भीड़-भाड़ से अलग था। लाइन से तीन कमरे स्टूडेंट्स के लिए ही बने थे और टिन से ढँका शौचालय ठीक रूम के सामने की तरफ ही था। शौचालय में नल नहीं लगा था। हेडपम्प से पानी भरकर बाल्टी अंदर ले जानी होती थी।

एच.पी. ने किसी तरह इस मुहल्ले में कुछ दिन काटे। दरअसल, निम्न मध्यमवर्गीय छात्रों के लिए यूनिवर्सिटी का पहला साल तो हॉस्टल खोजते और कमरा बदलते ही बीत जाता है। छात्रों को जो कमरा पसंद आता है, उसका किराया अधिक लगता है और जहाँ किराया कम होता,

वहाँ इलाहाबाद शहर में पढ़ने वाला भाव नहीं जगता। कुलमिलाकर यूनिवर्सिटी में पहले साल की यह भी उपलब्धि होती है कि छात्र कम संसाधनों में रहना सीख जाते हैं। मतलब बनवास का अभ्यास। ख़ैर, एच.पी. अब फिर से दूसरे कमरे की तलाश में लग गया। वह शाम को एलनगंज मुहल्ले की तरफ से सब्ज़ी खरीदकर लौट रहा था, तभी उसे रास्ते में प्रयाग स्टेशन पर रणविजय दिख गया। प्रयाग स्टेशन विश्वविद्यालय के पास ही एक छोटा रेलवे स्टेशन था जहाँ आम तौर से कोई विशेष भीड़-भाड़ नहीं रहती थी। हाँ, रात को छात्रों का झुंड चाय पीने आता था। रणविजय और एच.पी. पॉलिटिकल साइंस की क्लास में साथ थे; लेकिन रणविजय के बोलने का देशी लहजा और लिबास के कारण कई लोग उसे छात्र से अधिक गुंडे के रूप में जानते थे।

रणविजय प्रयाग स्टेशन के सामने एक बेंच पर दो और लड़कों के साथ पसरकर बैठा हुआ था। आसपास के घरों, हॉस्टल और डेलीगेसी के लड़कों के लिए यह स्टेशन मिलने-जुलने और बैठकी का ठिकाना था। एच.पी. रणविजय के सामने गया और बोला, 'भाई! मैं हरि प्रताप।'

'हाँ-हाँ! तुम तो हमार क्लास में हो न? तुमका कल भी देखे हम, इधेरे रहत हो का?' रणविजय ने देशी लहजे में कहा और पूछा।

एच.पी. बोला, 'हैं-हैं-हैं! हाँ अभी तो किसी के साथ रुका हूँ, लेकिन अपने लिए कमरा ढूँढ़ रहा हूँ। आप कहीं दिला देते तो...'

रणविजय ने पूरे आत्मविश्वास से कहा, 'आओ! कल दस बजे आ जाओ। मिल जाई तुमका कमरा।'

प्रयाग स्टेशन के पीछे ही रणविजय का अपना निजी मकान था। एच.पी. को उसने अपने घर का रास्ता समझा दिया। थैंक्यू-थैंक्यू बोलते और अपना सब्ज़ी का थैला सँभाले एच.पी. सलोरी की तरफ निकल गया।

अगले दिन एच.पी. निर्धारित समयानुसार रणविजय के मकान पर पहुँच गया। तीन मंज़िला पुराना मकान। नेम प्लेट पर लिखा था—"ठाकुर राम रतन सिंह"। बरामदे में एक बड़ी चारपाई पर ठाकुर राम रतन सिंह धोती को लुंगी की तरह लपेटे और खादी की बनियान पहने लेटे हुए थे। बग़ल में दो तख़्त और कुछ लकड़ी वाली कुर्सियाँ रखी थीं। ठाकुर राम रतन सिंह की चारपाई के बग़ल में एक लाठी, एक लोटा, गिलास और *दैनिक जागरण* अख़बार रखा हुआ था।

एच.पी. समझ गया कि यह ही रणविजय के बाबा होंगे। एच.पी. गेट से अंदर गया और जाकर उनके पैर छू लिए।

ठाकुर राम रतन सिंह बोले, 'ख़ुश रहा! खुश रहा!! हम तोहे पहचाने नहीं।'

'बाबा! हम रणविजय के दोस्त हरि प्रताप चउबे।' एच.पी. ने कहा।

'अरे, बाभन होइके तू गोड़ काहे छुआ?' ठाकुर साहब ने कहा।

'अरे आप हमारे भी बाबा हैं।' एच.पी. बुदबुदाए।

'ऊ तो ठीक बा, लेकिन तुहे गोड़ न छुए के चाहीं।' ठाकुर साहब ने समझाया।

बाबा ने रणविजय को आवाज़ लगाई, 'कान्हा! कान्हा!! अरे देखा, तुम्हार दोस्त आए हैन।'

इस तरह एच.पी. यह भी जान गए कि रणविजय का घर का नाम कान्हा है।

रणविजय अपनी टुशर्ट के बटन बंद करते हुए बाहर निकला। रणविजय बाबा के सामने आकर बोला, 'बाबा! हमरे साथ पढ़त हैं। इनका कमरा चाहीं।'

बाबा ने सलाह दी कि राम बदन शुक्ल के यहाँ ले जाओ इनको, वहाँ कमरा मिल जाएगा। बाबा ने आश्वस्त किया कि उनका नाम

गारंटर के रूप में लिया जा सकता है। रणविजय एच.पी. को लेकर राम बदन शुक्ल के घर की तरफ चल दिए। शुक्ल जी घर पर नहीं मिले, उनकी पत्नी थीं। शुक्ल जी शहर से थोड़ी दूर रामपुर-करछना गए थे। चाची जी ने यह जानकर कि ठाकुर साहब भेजें हैं और लड़िका बाभन है, कमरा दिखाना स्वीकार कर लिया। कमरा दिखाते समय चाची ने एच.पी. का घर-द्वार-गोत्र तक पूछ लिया।

रणविजय ने एच.पी. के कान में कहा, 'अमे अपनी जाति का आदमी हो तो लोग सभासद-विधायक बनवा देत हैं। फाँसी से बचा लेत हैं, तो किराए का कमरा कउन बड़ी चीज है। मिल जाई तुमका।'

चाची ने रणविजय से पूछा, 'कुछ कहे चाहत रहा का?'

रणविजय, 'नाहीं चाची! कहत रहे कि ई खाए-पिए वाले नहीं हैं। बहुत गऊ मनई हैं, पढ़े-लिखे वाले।'

किराया दो सौ रुपए महीना तय हुआ लेकिन बस एक बल्ब, एक पंखा चलाने की अनुमति मिली। चाची जी ने धीरे-से यह भी कह दिया कि घर के लोगों के अलावा कोई गेस्ट नहीं रुकेगा। पचास रुपए बयाना देकर और चाची के पैर छूकर एच.पी. और रणविजय निकल लिए।

यूनिवर्सिटी के पास कमरा पाकर एच.पी. बहुत ख़ुश था। अगले दिन ठेले पर लादकर एच.पी. अपना सामान ले आया।

सामान अंदर आ गया, तब पता चला कि इस सीढ़ी वाले कमरे की छत की दीवार तो सात फ़ीट ही है, पंखा ऊपर नहीं लग सकता! मई की प्रचंड गर्मी में गमछा पानी में भिगाकर सिर पर बाँधने से राहत नहीं मिलेगी। अब एक टेबल फैन लाना पड़ेगा।

उसी शाम रणविजय, एच.पी. और मुकेश टेबल फैन लेने यूनिवर्सिटी के सबसे पास के बाज़ार कटरा गए। कटरा में फैंसी कपड़े, सूट-साड़ी

से लेकर अगरबत्ती, मोमबत्ती, कॉपी-किताब, पंखा-कूलर—सब मिलता था। टेबल फैन खरीदने के बाद लौटानी में रणविजय स्कूल बैग में तीन चिल्ड बियर, मूँगदाल नमकीन का एक पैकेट और छः अंडे छुपाते हुए अपने दोनों दोस्तों के साथ कमरे पर वापस आया।

आज कमरा मिलने की ख़ुशी को सेलिब्रेट करना था। अगस्त का महीना था और अँधेरा हो चुका था। मकान-मालकिन चाची जी बरामदे में तुलसी जी को दिया-बाती कराके घर के बाहर वाले कमरे में टीवी देख रही थीं। एच.पी., रणविजय और मुकेश कमरे में निजी कार्यक्रम शुरू कर चुके थे। अचानक दरवाज़े पर खट-खट की आवाज़ आई। तीनों ने जल्दी-जल्दी गिलास, बोतल, अंडा चौकी के नीचे छुपाया।

एच.पी. ने धीरे-से आधा दरवाज़ा खोला तो सामने चाची खड़ी थीं। चाची ने थोड़ा कड़क आवाज़ में पूछा, 'का हो रहा है? अउर कौन बइठा है कमरे में?'

एच.पी. ने हकलाते हुए कहा, 'दोस्त हैं! सामान सेट करवा रहे हैं।'

चाची ने गेस्ट से लेकर खाने, बत्ती-पंखा तक का नियम एच.पी. को बता दिया। एच.पी. मुंडी नीचे करके बस सुनता रहा।

चाची जब घर में अन्दर चली गईं तो धीरे-से गेट खोलकर रणविजय और मुकेश बाहर निकले। एच.पी. ने खाली बोतलें, नमकीन का खाली पाउच और अंडे के छिलके आदि स्कूल बैग में भरकर दीवार के कोने से रणविजय को पकड़ा दिया।

एच.पी. की अपने नए कमरे में यह पहली रात थी। हालाँकि चाची के नियम कड़े थे, फिर भी एच.पी. को अपने निर्णय पर गर्व था कि इस कमरे से यूनिवर्सिटी की दूरी बस दस मिनट की है। अगले दिन पॉलिटिकल साइंस में डी.डी. बसु, ओ.पी. गाबा, डी.सी. भट्टाचार्य और इंडियन फ़िलॉसफ़ी, तर्कशास्त्र आदि की किताबें सामने मेज़ पर सज

गई थीं। सुबह-शाम पढ़ने का टाइम-टेबल भी बन गया; लेकिन सुबह की चाय लल्ला चुंगी पर पीने का मोह और रात में प्रयाग स्टेशन पर बैठकी से दो-तीन घंटे से अधिक पढ़ने का संयोग ही नहीं बना। कुछ हफ्तों बाद इम्तिहान होने वाले थे।

एच.पी. के बाबू जी सेना के हवलदार पद से रिटायर होकर ग्वालियर से घर आ चुके थे। कुछ पैसे उन्होंने एच.पी. को कपड़े बनवाने के लिए भेजे थे। लेकिन एच.पी. ने तीन सौ में एक पुरानी साइकिल खरीद ली। एच.पी. के लिए साइकिल की उपयोगिता समय बचाने से अधिक दोस्तों से मिलने-जुलने की थी। खाना बनाने में आलस आता तो एच.पी. शाम को कभी मटियारा रोड के लॉज में, तो कभी बघाड़ा; तो कभी गोविंदपुरी, कभी अलोपीबाग में किसी दोस्त के यहाँ टपक जाता। जब कोई दोस्त कहता कि तुम्हारे कमरे पर आऊँगा तो एच.पी. का जवाब होता, 'अबे तुमको तो मैं बुलाता, लेकिन मकान-मालिकन बहुत खिचखिच करती है, किसी के आने पर।' इस तरह एच.पी. ख़ुद तो दूसरों के यहाँ भोजन पर जाता लेकिन अपने यहाँ किसी को बुलाने की संभावना पनपने नहीं देता।

यूनिवर्सिटी के पास कमरा, साइकिल, पहनने को फ्लाइंग मशीन और हारा की जींस, पावर का जूता, शर्ट, धूप चश्मा हो जाने से एच.पी. को लगा ज़िन्दगी सही पटरी पर चल रही है। पिता जी इतने साल सेना में नौकरी कर चुके थे तो सोचे कि बैठकर क्या करेंगे? पिता जी की पेंशन में से कुछ पैसा हर महीने एच.पी. को चला जाता था। कुछ पैसा खाद-पानी, सब्ज़ी-नमक में और थोड़ा-बहुत सुर्ती-बीड़ी के लिए भी तो ज़रूरी था। पिता जी की योजना थी कि अपने गाँव में ही बर्फ़ फैक्ट्री लगाएँगे। पिता जी अपने एक रिश्तेदार की मदद से बर्फ़ फैक्ट्री की प्रोजेक्ट रिपोर्ट बनवा लिए थे।

एच.पी. की परीक्षा नज़दीक आ चुकी थी तो पिता जी पच्चीस हज़ार रुपए लेकर बर्फ़ फैक्ट्री के लिए मशीन खरीदने अकेले ही दिल्ली चले गए। वहाँ शाहदरा में एक रिश्तेदार के यहाँ रुके थे। पूरे परिवार को इंतज़ार था कि जल्दी ही बर्फ़ फैक्ट्री लगेगी और परिवार की आमदनी बढ़ जाएगी। कोई एक सूचना हमारी उम्मीदों का गुब्बारा कितना फुला देती है न! एच.पी. भी मन-ही-मन प्रसन्न रहता कि एग्ज़ाम के बाद जब वह गाँव जाएगा तब तक बर्फ़ फैक्ट्री चालू हो चुकी होगी।

कहाँ गए पिता

पिता जी को दिल्ली गए तीन दिन हो चुके थे। चौथे दिन एच.पी. को दिल्ली से ख़बर मिली कि उसके पिता जी दो दिन से लापता हैं और गाँव की जिस बुआ के घर शाहदरा में रुके थे, वहाँ लौटे ही नहीं। एच.पी. के पैर के नीचे से ज़मीन खिसक गई। उसका गला सूखने लगा और दिमाग में कुछ नहीं आया कि क्या करे, कहाँ जाए?

आखिर कहाँ रुक गए होंगे पिता जी? कहीं अपने किसी रिटायर दोस्त से मिलने तो नहीं चले गए? कहीं उनका एक्सीडेंट तो नहीं हुआ है और वह किसी अस्पताल में अचेत तो नहीं पड़े हैं? क्या पता वह गाँव वापस आ रहे हों? इस तरह के अनेक सवाल एच.पी. के दिमाग में घूमते रहे। प्रयागराज एक्सप्रेस के जनरल डिब्बे में बैठकर एच.पी. नई दिल्ली रेलवे स्टेशन उतरा और अजमेरी गेट की तरफ से बाहर आया। एक मिनी बस में बैठा जिसमें शहादरा-दुर्गापुरी जाने के लिए सवारियाँ बैठी थीं। एच.पी. शहादरा में बुआ के घर पहुँच गया। पिता जी का बैग, उनकी हवाई चप्पल एक कोने में पड़ी हुई थी।

रोटी-सब्ज़ी का नाश्ता करके एच.पी. घर से निकलने वाला था। बुआ ने एच.पी. को बताया कि वह अपने किसी दोस्त के साथ सदर बाज़ार और फिर मायापुरी जाने के लिए कहकर निकले थे। ऐसे में एच.पी. कहाँ जाए? तीन दिनों तक वह पिता जी की फोटो

लेकर दिल्ली के दरियागंज, सदर बाज़ार, सुभाष नगर, आज़ादपुर, ओखला, मायापुरी, धौलाकुआँ के थाने में घूमता रहा। अखबार में लावारिस लाशों को देखता रहा, कुछ अस्पतालों के इमरजेंसी वार्ड में भी पता किया। दूरदर्शन पर "गुमशुदा लोगों की तलाश" कार्यक्रम में भी फोटो-विवरण दिया। लेकिन पिता जी का कोई सुराग नहीं मिला।

थक-हारकर एच.पी. कई बार रोने लगता। दौड़ते-भागते उसका मुँह सूख जाता, पैर दुखने लगते लेकिन मन-ही-मन उसे लगता कि अचानक से आज जब वह शहादरा लौटेगा तो वहाँ पिता मिल जाएँगे या उनके कहीं ठीक-ठाक होने की ख़बर आ जाएगी।

वह कविता है न—"सारे सम्बन्धों के बेमानी हो जाने के बाद भी, सम्बन्ध नहीं तोड़ती है उम्मीद!" तो उम्मीद के भरोसे एक सप्ताह बीत गया। कितनी सिफारिशों-मन्नतों के बाद एच.पी. को इतना ही संतोष हुआ कि थाने में गुमशुदा की एफ़आईआर दर्ज हो गई।

एफ़आईआर के बाद भी एच.पी. को पिता जी का कहीं कोई सुराग नहीं मिला। पुलिस थाने में कई बार जाने से भी फायदा नहीं हुआ। एक सिपाही ने एच.पी. को बताया कि 'बेटा, दिल्ली में जो भी आदमी दिख रहा है न, उसे अपना भी होश नहीं रहता; यह दूसरों को क्या खोजेंगे? यहाँ सबको गुमशुदा ही समझो। तू अब घर जा, कुछ पता चलेगा तो बताऊँगा।'

एच.पी. कब तक दिल्ली में किसी के घर रहता? एच.पी. ने जब वापस जाने की बात बुआ को बताई तो फूफा जी ने ट्रेन का टिकट कटवा दिया। एफ़आईआर की कॉपी, पिता जी का बैग और निराशा लेकर एच.पी. ने वापसी की ट्रेन पकड़ ली।

श्रमजीवी एक्सप्रेस की बर्थ पर उसने अपना मुँह चादर से ढँका था लेकिन एच.पी. की आँखों में बार-बार यह सोचकर आँसू छलक

जाते थे कि वह अपनी माँ और छोटी बहन को क्या जवाब देगा? कैसे बताएगा कि वह दिल्ली में अपने पिता को ढूँढ़ नहीं पाया और मुश्किल से एफ़आईआर करवा सका।

समय बीत रहा था। पिता जी का अभी भी कुछ पता नहीं लगा। गाँव में लोग आते तो कोई कहता कि वह हरिद्वार में हो सकते हैं, तो कोई बताता कि अयोध्या में उनके जैसा कोई दिखा था। कोई पूजा करवाने को कहता, तो कोई मनौती मानने को। कोई पुलिस और अपराधियों की मिली-भगत की कहानी बताता तो कोई सोखा-ओझा से पूछने की बात कहता। कोई तांत्रिक की कहानी बताने लगता। जीवन में जब कठिन समय आता है न, तो झूठी तसल्ली से भी उम्मीद का एक दिया जल उठता है। घरवालों को बीच-बीच में लगता था कि पिता ज़रूर मिल जाएँगे। लेकिन अभी तक उनका कुछ पता नहीं चला।

दो हफ्ते बाद से सेकेंड ईयर के एग्ज़ाम्स शुरू हो रहे थे। एच.पी. का इलाहाबाद और पढ़ाई छूटना तय हो गया था।

बैंक में पिता जी का अकाउंट था। उसमें कुछ पैसे थे लेकिन पैसे निकल नहीं सकते थे क्योंकि अकाउंट ट्रांसफर कराने के लिए मृतक प्रमाण पत्र की ज़रूरत थी। अब पेंशन भी रुक जाएगी। पेंशन तभी माँ को ट्रांसफर होगी, जब एच.पी. अपने पिता को मृतक मान ले? पैसे का कोई दूसरा स्रोत नहीं था लेकिन गुमशुदा आदमी के बारे में यह नियम था कि सात साल तक पेंशन, आश्रित व्यक्ति को ट्रांसफर नहीं की जा सकती।

ऐसे में एच.पी. के सामने उम्र से अधिक सवाल खड़े हो गए थे। दिमाग का ऐसा दही बन गया था कि एक ढेले का भी कुछ समझ नहीं आ रहा था। ठीक से नींद नहीं आती थी और अक्सर आँखों के आगे अँधेरा छाने लगता कि अब आगे का जीवन कैसे चलेगा? कभी-कभी

एच.पी. का सिर तनाव से फटने लगता। कभी उसका मन करता कि वह घर छोड़कर कहीं भाग जाए या दुनिया से विदा हो जाए। हमारे जीवन में ख़ुशियों की डोर कितनी कमज़ोर होती है, अक्सर इसका पता डोर टूटने के बाद ही चलता है।

उधर आठ दिनों बाद यूनिवर्सिटी में बीए की परीक्षा शुरू होने वाली थी। इधर पिता जी की पेंशन भी रुक गई और आमदनी का कोई दूसरा ज़रिया तक नहीं बना। स्थिति थूक से पिसान सानने जैसी हो गई, तो फिर किस भरोसे एच.पी. का एग्ज़ाम होता और आगे की पढ़ाई चलती? लेकिन इलाहाबाद से सामान तो लाना था और कमरे का किराया भी देना था, क्योंकि कहते हैं न कि बारिश सदर में और छाता मछली शहर में। अब रहना गाँव में था तो इलाहाबाद में कमरा रखकर क्या होता। माँ को समझा-बुझाकर एच.पी. कमरा खाली करने इलाहाबाद आया। सभी दोस्त एग्ज़ाम्स की तैयारी में व्यस्त थे क्योंकि चार दिनों बाद से वो शुरू हो रहे थे।

प्रयाग स्टेशन उतरकर एच.पी. अपने कमरे पर पहुँचा। बैग रखकर वह पास रहने वाले दोस्त रणविजय से मिलने गया और उसे बताया कि अब वह हमेशा के लिए गाँव जा रहा है। रणविजय ने अपनी तरफ से सांत्वना देने की कोशिश की, लेकिन पैसों के अभाव में एक छात्र, दूसरे छात्र को शाब्दिक संबल देने से अधिक क्या उम्मीद बँधाता? रणविजय ने एच.पी. को चाय और बन-मक्खन भी खिलाया।

जब एच.पी. अपने कमरे पर वापस आया तो मकान-मालकिन चाची बरामदे में ही बैठी थीं। कमरे का किराया बाकी तो था, लेकिन

चाची ने एच.पी. से उसके पिता जी के बारे में ही पूछा। तत्काल किराए का तगादा करना शायद उन्हें ठीक नहीं लगा होगा।

वैसे भी महीने के पहले सप्ताह में अगर मकान-मालिक और किराएदार आमने-सामने पड़ जाएँ तो किराए का तगादा बिना बोले भी हो जाता है। कई बार सन्दर्भ, मौखिक संवाद से अधिक कह जाते हैं।

एच.पी. को सामान समेटने में ही दोपहर हो गई। तनाव के चलते उसे ज़ोरों की भूख लग गई और वह कुछ खाने के लिए बाहर निकल गया। वह अगले ही दिन इलाहाबाद से निकल जाना चाहता था। उसने रात में ही ज़रूरी सामान बाँध लिया था। उसका प्लान था कि सुबह कमरे के किराए के बदले में चाची को चौकी, कम्बल, बाल्टी-लोटा और साइकिल देकर, हाथ जोड़कर क्षमा माँग लेगा। चाची को कह देगा कि यदि भविष्य में कभी पैसे हुए तो वह शेष किराए का एहसान उतार देगा। मजबूर और मज़बूत, दोनों तरह के आदमी के पास दूसरों को देने के लिए आश्वासन की मिश्री तैयार रहती है।

शाम होते-होते रणविजय के मार्फ़त हॉस्टल के अलावा लल्ला चुंगी से लक्ष्मी चौराहा, कटरा-मम्फोर्डगंज के आसपास रहने वाले दोस्तों को ख़बर लग गई कि एच.पी. आया है और अब हमेशा के लिए वापस गाँव लौट जाएगा। विश्वविद्यालय के शुरुआती दो-तीन साल में छात्रों के पास अपने लिए कोई विशेष एजेंडा नहीं होता है और दोस्तों के लिए समय की कोई कमी नहीं रहती है।

तो जैसे ही एच.पी. के गाँव लौटने वाली ख़बर मिली, चार-पाँच दोस्त लल्ला चुंगी पहुँच गए। तिवारी को भेजा गया कि वह एच.पी. को उसके कमरे से बुलाकर लाए। थोड़ी देर में तिवारी एच.पी. को साथ लेकर आ गया। आम तौर पर बतकूचन करते हुए चाय पीने वाला समूह ऐसे मुँह लटकाए था, जैसे इन सबको कालापानी की सज़ा मिली हो।

चाय ख़त्म करके एच.पी. ने चुप्पी तोड़ी और रुआँसा होकर बोला, 'यार, अब मैं इलाहाबाद में नहीं रह पाऊँगा। आज ही कमरा छोड़ रहा हूँ।' विवेक ने देखा कि एच.पी. की आँखें भर आई हैं। दोस्तों के बीच एक बार फिर चुप्पी छा गई।

आपके दोस्त भी आप जैसे ही सामाजिक-आर्थिक परिवेश से आते हैं, तो वहाँ दोस्तों में कोई टाटा-बिड़ला के घर का तो होता नहीं कि झट-से कह देता कि हमारे गैराज के ऊपर वाले कमरे में या स्टाफ़ क्वार्टर में शिफ़्ट हो जाओ। यहाँ हर महीने की बीस तारीख आते-आते छात्र कम-से-कम संसाधनों में जीवन जीने के अभ्यस्त हो जाते हैं। कई दोस्त महीने के आखिरी सप्ताह में साइकिल उठाकर किसी और दोस्त के कमरे पर जाने, किसी लंगर में, किसी तेरही में भोजन के जुगाड़ में रहते हैं। कहते हैं न कि नंगा क्या पहनेगा और क्या निचोड़ेगा? ऐसे में एक-दूसरे का मुँह ताकते दोस्त मानो कह रहे हों कि जो गति तोरी, सोई गति मोरी।

लेकिन बेरोज़गारी और संघर्ष के दिनों की ख़ूबसूरती यह है कि व्यक्ति इसी दौर में सबसे अधिक उदार होता है। ऐसे में वह दिमाग की जगह दिल से सोचता है, तो यह सवाल कि एच.पी. को इलाहाबाद से वापस जाना होगा, दोस्तों को मथने लगा। बहुत दिमाग लगाने और विकल्पों की पड़ताल के बाद सुरेश ने कहा, 'वह एग्ज़ाम्स होने तक एच.पी. को अपने हॉस्टल में गेस्ट बनाकर रख लेगा। एक बार एग्ज़ाम्स हो जाएँ तो फिर बाद का बाद में देखा जाएगा।' वैसे भी शाम को खाँसी आनी है तो सुबह से मुँह बाकर क्या करना था?

रात को तिवारी के कमरे पर ही एच.पी. ने खाना खाया; लेकिन एच.पी. के दिमाग में अभी भी अनेक सवाल उमड़ रहे थे। कमरे का जुगाड़ हो भी जाए तो खाना-कपड़ा-फीस-कॉपी आदि कैसे

मैनेज होगा? बीए पूरी हो भी जाए तो वह सीए तो नहीं बन जाएगा। ख़ैर, दोस्तों की ज़िद और माँ के समझाने से एच.पी. ने एग्ज़ाम्स तक शहर में रुकने का मन बना लिया। कमरे में सामान तो बँधा ही था। अगले दिन सुबह चाची जी को आधा किराया देकर एच.पी. और दोस्तों ने कमरे से सामान निकाल लिया। आधे किराए के बदले, तख़्त उसी कमरे में छोड़ दिया गया। ऐसी दुःख की घड़ी में चाची ने भी पूरे किराए की कोई ज़िद नहीं की और एच.पी. को आराम से जाने दिया। ट्रॉली पर किताब-बिस्तर लादकर एच.पी., रणविजय और सुरेश, बैंक रोड होते हुए इस नए हॉस्टल में आ गए। पीछे से मुकेश, एच.पी. की साइकिल लेकर आ गया।

दोस्तों ने एग्ज़ाम्स तक एच.पी. के भोजन के लिए दो सौ रुपए इकट्ठे कर लिए। रणनीति बनी कि एग्ज़ाम्स तक एक टाइम का भोजन सुरेश के साथ मेस में होगा और शाम को अलग-अलग दोस्तों के यहाँ। एच.पी. को दोस्तों ने अपनी जींस, टी-शर्ट, शर्ट पहनने का भी ऑफर दे दिया। फिर एग्ज़ाम्स शुरू हुए। किसी तरह पाँच-सात क्वेश्चन्स पढ़कर एच.पी. ने एग्ज़ाम्स दे दिया। एग्ज़ाम्स के एक-दो दिन बाद एच.पी. गाँव चला गया।

दो महीने बाद बीए के तीसरे साल की कक्षाएँ शुरू हुईं। कुछ दिनों में एच.पी. भी गाँव से वापस आ गया। सुरेश ने जुगाड़ लगाकर हॉस्टल में एच.पी. के नाम से एक सीट आवंटित करवा ली। अब हॉस्टल में एच.पी. का एक ठिकाना बन गया। वह दोस्तों के जैकेट-स्वेटर, शर्ट-जींस बारी-बारी से लाता और बदल-बदलकर पहनता। इस तरह वह हमेशा अच्छा कपड़ा पहने हुए दिखता। क्लीन शेव रहने और कसावट वाला शरीर उसे सुदर्शन बनाता था। हॉस्टल में बहुमत में लोगों को उसके यथार्थ के बारे में अधिक पता नहीं था, तो अनेक छात्रावासी उसे

अमीर घर का लड़का जानते थे। वैसे ज़िंदगी में आपके बारे में दूसरे कभी-कभी ग़लत परसेप्शन भी बना लेते हैं। एच.पी. को कमरा मिल गया, कपड़े का भी जुगाड़ हो गया लेकिन अभी भोजन की नियमित व्यवस्था नहीं थी।

फरवरी माह में रमेन्द्र के पिता जी की पोस्टिंग यूनिवर्सिटी के सबसे पास वाले थाने कर्नलगंज में हो गई। वह वर्दी पर तीन स्टार लगाने वाले इंस्पेक्टर थे। रमेन्द्र ने अपने पिता जी से बात की और एच.पी. के खाने का जुगाड़ कर्नलगंज थाने की मेस में हो गया। एच.पी. जब दोपहर में यूनिवर्सिटी से क्लास ख़त्म करके पुलिस मेस में खाना खाने जाता तो वह कोशिश करता कि इतना अधिक खा ले कि शाम को भूख न लगे। एच.पी. ने दो दिन तो खूब खींचकर खाया, लेकिन फिर उसे लगने लगा कि वहाँ मौजूद सभी पुलिस वाले उसी को खाते हुए देख रहे हैं। अब इस समस्या का हल कोई दूसरा क्या ही करता?

ख़ैर, चार महीने बाद ही रमेन्द्र के पिता जी का ट्रांसफर कोतवाली में हो गया और इस तरह एच.पी. की पुलिस मेस भी छूट गई। दोस्तों के बीच सवाल यह था कि अब का होगा बे? एच.पी. क्या बोलता? वैसे हर समस्या का कुछ तो समाधान होता है, लेकिन कुछ समय बाद समाधान की अपनी समस्या सामने आ जाती है। अब खाना तो चाहिए ही, तो एच.पी. और सुरेश ने तय किया कि शाम का खाना हॉस्टल के रूम में ही बनाया जाए।

रूम में हीटर के अलावा दो छोटे कुकर और चाय के लिए एक बर्तन, दो कप, दो प्लेट, कटोरी-गिलास, खाना बनाने की शुरुआत के लिए पर्याप्त थे। दिन में चावल-दाल-चोखा और शाम को चावल-अंडा करी अथवा सब्ज़ी-चावल मिलाकर तहरी ही बननी थी और वह भी अनियमित रूप से। सुरेश शाम को कहीं-कहीं घूमने निकल जाता

था और कभी-कभार खाना खाकर भी आ जाता, लेकिन एच.पी. को ही अक्सर खाना बनाना होता था। कभी-कभी एच.पी. भी ब्रेड, चने-भूँजा खाकर सो जाता, तो कभी किसी हॉस्टल में चला जाता। जब एच.पी. खाना बनाने लगा तो डेलीगेसी में रहने वाले कुछ दोस्त गाँव से अपना राशन ले आते तो चार-पाँच किलो चावल, एक-दो किलो दाल, चना आदि एच.पी. के लिए भी बाँध लाते। इस तरह राशन की कोई चिंता नहीं रही। हॉस्टल के रूम में खाना बनाने तक तो ठीक था, लेकिन बर्तन कौन धोता? बर्तन धोने के लिए सुरेश ने हॉस्टल के ही एक स्वीपर, बबलू को सेट कर लिया था। कुछ लोगों को यह अजीब लगता कि एच.पी. और सुरेश स्वीपर से बर्तन धुलवाते हैं, लेकिन उन दोनों को इस बात से कोई फर्क नहीं पड़ा।

सुरेश का सामाजिक दायरा बहुत बड़ा था और एच.पी. का साथ मिलने के बाद तो दोनों दिन-रात कभी इधर, कभी उधर लगे रहते। हॉस्टल में कई सीनियर-जूनियर लोगों को पहली बार ब्लू फिल्म, *डेबोनियर* और मस्त राम साहित्य से परिचय करवाने का श्रेय सुरेश को ही था। एच.पी. और सुरेश, दोनों दिनभर घूमते और रात में घंटा-दो घंटा ही पढ़ने के लिए समय निकाल पाते। लेकिन दोनों को हॉस्टल में रोज़ किसी-न-किसी को परेशान करने में बहुत मज़ा आता। सोहबतियाबाग में रहने वाले फतेहपुर-खागा वाले दोस्त जितेंद्र सिंह की भतीजी की शादी थी। जितेंद्र ने पॉलिटिकल साइंस की कक्षा वाले सात-आठ दोस्तों को निमंत्रित किया था। चूँकि खागा जाना दो घंटे का ही मामला था, तो दोस्तों ने ट्रक-बस में बैठकर सफर किया और शाम तक जितेंद्र के घर पहुँच गए। जितेंद्र ने रात में सभी दोस्तों को रुकने के लिए पड़ोस के एक घर के बड़े हॉल में इंतज़ाम कर दिया था। एच.पी., सुरेश, समर आदि बारात को खाना खिलाने में जितेंद्र के साथ

लगे थे। घर और गाँव के लोगों को भी लगा कि जितेंद्र के दोस्त अच्छे हैं और काम में हाथ बँटा रहे हैं। बारात को खिलाने के बाद दोस्तों ने और घरवालों ने खाना खाया। फिर सभी दोस्त हॉल में सोने आ गए।

रात के बारह बजने वाले थे। ज़मीन पर गद्दा बिछा था। सबने जूते-चप्पल निकालकर अपनी जगह ली। फिर सत्यजीत ने कहा कि लाइट बंद कर दो। समर ने लाइट ऑफ़ कर दी। लाइट ऑफ़ करके समर अभी लेटा ही था, तब तक दो-तीन जूते किसी-न-किसी के ऊपर आकर गिरे। हल्ला होने लगा कि लाइट जलाओ! लाइट जलाओ!! एच.पी. चादर से मुँह ढँककर अपनी हँसी रोके हुआ था। ऐसे निश्चिंत होने का नाटक कर रहा था कि जैसे कुछ हुआ ही न हो। ख़ैर, फिर तय हुआ कि लाइट बंद होगी तो कोई जूता-चप्पल नहीं फेंकेगा क्योंकि लोग सोचेंगे कि जितेंद्र के दोस्त लोफ़र टाइप हैं। दुबारा लाइट बंद होते ही सुरेश ने करवट बदली और गोरा रंग, थोड़े कोमलांग दिखने वाले आशीष के पैर पर अपना पैर चढ़ा दिया। सुरेश ने मज़ा लेने के लिए आशीष की पीठ से अपना पेट चिपका दिया। आशीष चौंक गया।

खतरा भाँपते हुए आशीष बोला, 'का कर रहे हो बे?'

सुरेश हँसने लगा और बोला, 'अपना सामान एडजस्ट कर रहा था बे। तुम क्यों डर रहे हो?'

तब तक सत्यजीत बोल पड़ा, 'भाई लोग, अपने-अपने सामान और सम्मान की रक्षा खुद करें। इसके लिए कोई घराती और बराती ज़िम्मेदार नहीं होगा।'

सभी हँस पड़े। लेकिन आशीष वहाँ से उठकर राजू के बग़ल में लेट गया। सुरेश चादर के भीतर मुँह तोपकर देर तक हँसता रहा। फिर उसे कब नींद आ गई, पता ही नहीं चला।

सुबह साढ़े पाँच बजते ही बैंडवाले अपना बाजा बजाने लगे। यह एक तरह का कर्कश अलार्म था कि बाराती नहा-धोकर नाश्ते के लिए तैयार हो जाएँ और घराती हलवाई के बनाए नाश्ते की तैयारी जाँच लें। बैंड-बाजे की तेज़ आवाज़ सुनकर हॉल में सोए दोस्त भी जाग गए। एच.पी. आँख मलते हुए बोला, 'अबे तिवारी! बैंड-बाजेवाले को जाकर बोल कि अब बंद कर दे, नहीं तो उसी को बजा दूँगा। साले बूढ़ चमड़ी अँग्रेज़ी बाजा! सुबह-सुबह बजा रहा है, बहारों फूल बरसाओ।'

नित्यकर्म में से एक प्रमुख कार्य के लिए कुछ दोस्त तालाब के किनारे पहुँचे। सबने एक जगह अपनी जींस-पैंट निकालकर रख दिए और कच्छा पहने अरहर के खेतों में शौच के लिए घुस गए। सुरेश और एच.पी. थोड़ी देर बाद तालाब किनारे आए। सुरेश ने देखा कि दोस्तों के कपड़े यहीं हैं, तो वह उनके कपड़े उठाकर वापस मंडप की तरफ चल दिया। एच.पी. तालाब के किनारे ही और आगे बढ़ गया। जब सुरेश मंडप के पास पहुँचा तब बाराती कुर्सी-मेज़ पर बैठकर पत्तल में कचौरी-सब्ज़ी, जलेबी का नाश्ता कर रहे थे।

उधर समर, राजू, तिवारी, आशीष, सत्यजीत जब हल्के होकर वापस आए तो उनके कपड़े गायब थे। देर तक वे सभी कच्छे में ही तालाब के किनारे घूमते रहे। वे लोग कच्छा पहनकर बारातियों के सामने कैसे जाते? जैसे ही तिवारी ने एच.पी. को देखा तो दूर से ही चिल्लाया, 'कपड़ा देबो भोकड़ी के कि ऐसे ही चलीं?'

एच.पी. ने हँसते हुए बोला, 'बेटा अभी रुक जा, फोटोग्राफर बुलाकर तुम्हारी पहले ग्रुप फोटो करवा दूँ।' एच.पी. मंडप की तरफ बढ़ चला।

सहमी आवाज़ में राजू ने तिवारी, आशीष, सत्यजीत को बोला, 'अबे ई सही में फोटो खिंचवाई का?'

तिवारी बोला, 'चूतिया बना रहा है बे! इसके कहने से यहाँ खौरहवा कुत्ता तक नहीं आएगा, फोटोग्राफर बुला रहा है! वह भी तुम्हारा चिचुका थोबड़ा और कच्छे का फोटो लेने?'

तब तक सुरेश हँसते हुए पीछे-से प्रगट हुआ। एक-एक कर दोस्तों की जींस, शर्ट, पैंट सौंपता गया। कपड़े पहनकर साबुन से हाथ धोकर और उँगली से दंतमंजन करके सभी दोस्त जितेंद्र के दरवाज़े पर नाश्ते के लिए हाज़िर हो गए। नाश्ता ख़त्म करते-करते दस बज गए। ग्यारह बजे तक जब बारात विदा हो गई तो दोस्तों ने भी निकल लेने की योजना बना ली। जितेंद्र का आभार व्यक्त करते हुए एच.पी., सुरेश, तिवारी, राजू, समर—सभी दोस्त वापस विश्वविद्यालय के लिए निकल पड़े।

ड्रीमगर्ल

सुरेश के एक रिश्तेदार जीतू भइया सिविल लाइन्स में इंडियन कॉफ़ी हाउस के पीछे रहते थे। जीतू भइया पेशे से सीए थे। उनका देहरादून-मसूरी में एक फ्लैट था। बच्चों की छुट्टी होते ही जीतू भइया का परिवार महीने भर के लिए देहरादून-मसूरी जा रहा था। जीतू भइया सिविल लाइन्स वाले घर की चाभी सुरेश को देकर गए कि वह घर की देखभाल करता रहेगा और बन्नो से घर की साफ-सफाई भी करवाता रहेगा।

सुरेश को कुछ दिन के लिए सिविल लाइन्स में एसी वाले घर में रहने का विकल्प मिला तो रात को वहीं रुकने लगा। टीवी, फ्रिज, किचन और आरामदायक बिस्तर—कुलमिलाकर छात्र जीवन में बहुत ही आनंददायक अवसर मिला था। वह दिन में हॉस्टल आता और कभी सीधे शाम को यूनिवर्सिटी रोड। एच.पी. भी सुरेश के साथ कभी-कभी सिविल लाइन्स में ही रुक जाता और टीवी, फ्रिज, किचन, एसी के मज़े लेता।

उस दिन भी सुरेश, भइया के कमरे पर ही रुककर देर रात तक पढ़ता रहा। सुबह ज़ोर-ज़ोर-से दरवाज़ा खटखटाने की आवाज़ आई। वह भागकर गया तो देखा कि बन्नो दरवाज़ा खटखटा रही है। बन्नो ने खीझते हुए कहा, 'क्या भइया! इतनी देर से दरवाज़ा पीट रही हूँ, पड़ोसी जग गए, लेकिन आपकी नींद ही नहीं खुल रही है।'

सुरेश ने खिसियाते हुए कहा, 'रात में देर तक पढ़ रहा था, इसलिए नींद ही नहीं खुली।'

बन्नो ने दुपट्टा कमर में बाँधा और झाड़ू उठाकर कमरे की साफ-सफाई शुरू कर दी। सुरेश ने अखबार उठाकर पढ़ना शुरू तो कर दिया था, लेकिन बीच-बीच में चोरी-चोरी कनखियों से बन्नो की ओर देख लेता। भरे बदन वाली बन्नो की उम्र छब्बीस-सत्ताईस साल की थी। उसका आदमी बम्बई में किसी दुकान में काम करता था। काम करते हुए बन्नो ने भाँप लिया था कि सुरेश की नज़रें उसका पीछा कर रही हैं। उसे सुरेश पर गुस्सा भी आया कि कल का छोकरा किस तरह से उसको घूर रहा है। फिर उसने सोचा कि छोड़ो, उम्र कोई भी हो सारे मर्द एक जैसे ही होते हैं।

बन्नो झाड़ू-पोंछा लगाने के बाद किचन में बर्तन साफ करने घुस गई। सुरेश पहले भी कई बार बन्नो से मिल चुका था, लेकिन आज घर में उसे अकेला पाकर कुछ अलग अहसास हो रहा था। आज उसने एक औरत के शरीर को इतने ध्यान से निहारा कि वास्तविकता से कब कल्पना की उड़ान शुरू हुई, याद नहीं रहा। पहले बन्नो उसे अच्छी लगी। थोड़ी देर बाद बहुत अच्छी लगने लगी। सुरेश ने अपनी आँखें बंद कीं और ख़यालों में बन्नो के शरीर के उभरे हुए अंगों पर अपना हाथ घुमाने लगा। अचानक रसोई से आवाज़ आई, 'भइया! ये क्या किए हो...' सुरेश डर गया कि कहीं ऐसा तो नहीं कि बन्नो उसके मन की बात जान गई। वह अचकचाकर किचन में घुसा तो बन्नो ने उसे चाय का बर्तन दिखाया। सुरेश ने बिना धुले एक ही बर्तन में कई बार चाय बनाई थी। जले हुए बर्तन में चाय की पत्ती की परत जम गई थी। सुरेश ने चाय के बर्तन को देखा तो झेंप कर हींहींहींहीं करने लगा। सुरेश को लजाते देख बन्नो मुस्कुराने लगी। बन्नो काम ख़त्म करके चली गई तो

सुरेश भी साइकिल उठाकर विश्वविद्यालय आ गया। वहाँ पहुँचकर सुरेश ने एच.पी. से कहा कि कहीं बन्नो भइया से यह न बता दे कि मैं उस पर लाइन मार रहा था।

यह सुनकर एच.पी. ज़ोर-से हँसा। बोला, 'अबे वो किसी से कुछ नहीं बताएगी। वो तो तुमको ललचा रही थी। मैं होता तो आज ही...' एच.पी. बोले जा रहा है, 'अबे वो तुमको जब किचन में बुलाई थी, तभी इशारा दे रही थी कि तुम कुछ करो। लेकिन तुम साले न खेलबो, न खेले देबो।'

सुरेश को एच.पी. की बात सुनकर अफ़सोस हुआ कि वाकई उसने शानदार मौका गँवा दिया।

अगले दिन सुरेश जब हॉस्टल से सिविल लाइन्स आ रहा था तो रास्ते में हीरा हलवाई के यहाँ से पाँच गुलाब जामुन पैक करवाकर लाया। बन्नो जब काम पर आई तो सुरेश ने द्विअर्थी अंदाज़ में पूछा, 'गुलाब जामुन खाओगी?'

बन्नो ने मुस्कुराते हुए कहा, 'आप खाएँ भइया!' यह कहकर वह झाड़ू लगाने लगी।

सुरेश सामने डाइनिंग टेबल पर बैठा था। वह फिर बोला, 'अरे हम पूरा नहीं खाएँगे, तुम्हारे लिए भी लाए हैं।' यह कहते हुए सुरेश ने दो गुलाब जामुन एक कटोरी में रखकर बन्नो की तरफ बढ़ा दी।

बन्नो तिरछे देखकर मुस्कुरायी और गुलाब जामुन खाकर फिर अपने काम में लग गई। एक सप्ताह में सुरेश बन्नो से काफी खुल गया था और उसे किसी-न-किसी बात पर हँसाता रहता। बन्नो समझ तो रही थी कि इस हँसी-ठिठोली का परिणाम क्या हो सकता है, लेकिन उसे भी सुरेश की बातों से गुदगुदी होती। सुरेश कभी-कभी बन्नो को दस-बीस रुपए भी दे देता। सुरेश एक परफ्यूम और एक शैम्पू की शीशी भी गिफ्ट में

दे चुका था। सुरेश जब हॉस्टल आता, तब चटखारे लेकर एच.पी. को किस्से सुनाता कि आज बन्नो से क्या-क्या बात हुई।

उस दिन संडे था। सुरेश को यूनिवर्सिटी नहीं जाना था। जब बन्नो काम करने आई तो सुरेश हाफ़ पैंट और टी-शर्ट पहने ड्राइंग रूम में बैठा था। सुरेश ने उसे चाय बनाने के लिए कहा और टेप रिकॉर्डर पर गाना लगा दिया। *'किसी शायर की ग़ज़ल ड्रीमगर्ल... कभी तो मिलेगी... कहीं तो मिलेगी... आज नहीं तो कल... ड्रीमगर्ल।'* घर के अंदर का माहौल देखकर बन्नो आशंकित हो गई, लेकिन वह चुपचाप अपना काम करने में जुट गई। सुरेश कुछ बोलता तो हाँ-न में जवाब देती। झाड़ू लगाने के बाद वह जब बर्तन धोने किचन में गई तो सुरेश भी किचन में घुस गया।

'तबीयत ठीक नहीं है क्या?' सुरेश ने पूछा।

'नहीं!' बन्नो ने संक्षिप्त जवाब दिया।

सुरेश थोड़ा और करीब आ गया। पूछा, 'दवा ली हो?'

'नहीं!' बन्नो ने कहा।

'आओ, मैं तुम्हें दवा दे दूँ।' कहते हुए सुरेश ने पीछे-से उसे बाँहों में ले लिया। थोड़ा झुककर उसके गालों पर अपना गाल सटा दिया। सुरेश के इतना करते ही बन्नो ने उसे ज़ोर का धक्का देकर खुद को उसकी पकड़ से छुड़ाया और लगभग भागती हुई घर से बाहर निकल गई।

बन्नो के जाने के बाद डर के मारे सुरेश की हालत ख़राब हो गई। उसे ज़ोर-ज़ोर-से रोना आ रहा था। कहीं बन्नो ने ये सब बातें भइया-भाभी को बता दीं तो उसका क्या होगा। उसे एच.पी. पर गुस्सा आ रहा था कि साले ने चढ़ाकर उसे फँसा दिया। कहीं ऐसा न हो कि बन्नो अपने घरवालों को बता दे और वे उसे पीटने चले आएँ। यह सोचकर सुरेश बुरी तरह डर गया। उसने अपनी साइकिल उठाई और हॉस्टल

के लिए निकल पड़ा। पसीने में भीगा, हाँफता हुआ सुरेश हॉस्टल पहुँचा।

एच.पी. ने सुरेश की ओर देखते हुए कहा, 'ख़ूब संगम हो रहा है रजा... आज क्या हुआ?'

सुरेश, 'यार बान्नुवा को हम किचन में पकड़ लिए और वह गुस्से में हमको धक्का देकर गरियाती हुई घर से बाहर भाग गई। कहीं उसने भइया से बता दिया तो घर पे लात तो पड़ेगी ही, इलाहाबाद से टिकट भी कट जाएगा।'

एच.पी. गंभीर हो गया। बोला, 'चलो कोई बात नहीं! तुम हॉस्टल में रहो। दो दिन बाद मैं सिविल लाइन जाऊँगा।'

दो दिन बाद एच.पी. सुबह ही भइया के घर पहुँच गया। देखा तो दरवाज़े के बाहर अखबार पड़े हुए थे। अंदर आधे धुले बर्तन जस-के-तस पड़े थे। वह बन्नो के आने का इंतज़ार करता रहा, लेकिन वह नहीं आई। शाम सात बजे वह दूरदर्शन पर कुछ देखने बैठा, तभी दरवाज़े पर घंटी की आवाज़ सुनाई दी। उसने उठकर दरवाज़ा खोला तो सामने बन्नो थी। बन्नो चुपचाप घर में घुसी और अपना काम ख़त्म कर बिना कुछ बोले घर से बाहर निकल गई।

अगले दिन सुबह बन्नो जब आई तो एच.पी. डाइनिंग टेबल पर बैठकर चाय पी रहा था। उसने अखबार पढ़ते हुए बन्नो से पूछा, 'चाय पियोगी?'

बन्नो ने मना कर दिया और झाड़ू-पोंछा करने लगी। थोड़ी देर बाद किचन में घुसते हुए बन्नो ने पूछा, 'सुरेश भइया जी नहीं दिख रहे? उन की तबीयत ठीक नहीं है क्या?'

'पता नहीं! जब से यहाँ से गया है, बिस्तर पर पड़ा रो रहा है। पूछने पर कुछ बता भी नहीं रहा।' एच.पी. ने कहा।

बन्नो सोच में पड़ गई। फिर बोली, 'आपको उन्हें अकेले नहीं छोड़ना चाहिए था। क्या पता किस हाल में हों।'

'आज शाम को मैं उसको यहाँ लेकर आऊँगा।' एच.पी. ने बन्नो से कहा।

बन्नो के जाते ही एच.पी. ने घर में ताला लगाया और सौ की स्पीड में साइकिल हॉस्टल की ओर दौड़ा दी। जब एच.पी. हॉस्टल वापस जाने के लिए इस घर से निकला तो उसे ऐसा लगा, जैसे अड़ोस-पड़ोस के लोगों के साथ खिड़की-दरवाज़े भी उसे शक की निगाहों से घूर रहे हों।

कई बार आदमी का मन उसे आईना दिखाता है, लेकिन भावनाओं के आवेग में व्यक्ति अपने को धोखा देता है।

जब वह हॉस्टल पहुँचा तो सुरेश बाल्टी लेकर नहाने जा रहा था। एच.पी. ने दौड़कर उसे गले लगा लिया। बोला, 'अबे ई नहाना-धोना छोड़ो, बन्नुआ तुमको बुलाई है।'

'चूतिया न बनाओ! तुम्हारे चक्कर में लात खा जाएँगे।' सुरेश ने उसे रास्ते से हटाते हुए कहा।

'नहीं यार, माँ कसम! बन्नो तुमको पूछ रही थी। जल्दी साइकिल पकड़ो और सिविल लाइन्स रवाना हो जाओ। हम नहीं जाएँगे।'

सुरेश ने एच.पी. का हाथ झटक दिया। जब एच.पी. ने बहुत ज़ोर दिया तो सुरेश ने कहा, 'मैं एक शर्त पर जाऊँगा कि तुम भी मेरे साथ चलोगे।' एच.पी. झट-से तैयार हो गया।

शाम को एच.पी. ने सुरेश को साइकिल पर बैठाया और सिविल लाइन्स की ओर निकल पड़ा। वहाँ पहुँचकर एच.पी. ने चाय बनाई। जब दोनों दोस्त चाय पी रहे थे तब बाहर सूरज डूब रहा था और अँधेरा बढ़ता जा रहा था। दोनों दोस्त धड़कते दिल से बन्नो के आने का इंतज़ार कर रहे थे। अभी चाय ख़त्म ही हुई थी, तभी दरवाज़े की घंटी बजी। सुरेश जल्दी से अंदर वाले कमरे में घुस गया। एच.पी. ने

आगे बढ़कर दरवाज़ा खोला। बन्नो घर के अंदर आ गई। बन्नो ने बिना कुछ बोले इशारे से सुरेश के बारे में पूछा। एच.पी. ने कमरे की ओर इशारा कर दिया। बन्नो हाथ में झाड़ू लिए कमरे में घुस गई। बन्नो ने सुरेश की ओर देखा तो सुरेश बेड के किनारे बैठा था। बन्नो को देखकर सुरेश खड़ा हो गया।

बन्नो ने पूछा, 'क्या हो गया था?'

'कुछ नहीं!' सुरेश ने धीरे-से कहा।

'जब इतने कमज़ोर दिल के हो तो मुझे पकड़ा क्यों?' बन्नो ने झाड़ू फेंककर उसे अपनी छाती से चिपका लिया।

कसमसाते हुए सुरेश ने धीमी आवाज़ में कहा, 'एच.पी. आ जाएगा।'

'मैं किसी से डरती थोड़े न हूँ।' कहते हुए बन्नो सुरेश को लेकर बिस्तर पर लुढ़क गई।

सुरेश जगा तब अँधेरा हो चला था। एच.पी. पहले ही हॉस्टल जा चुका था। उसने चाय बनाई और फिर हॉस्टल निकल गया। सुरेश कई बार सोचता कि हॉस्टल में ही रहकर पढ़ूँगा और रात में बस सोने के लिए भइया के घर जाऊँगा। लेकिन भावनाओं का तूफ़ान उसे फिर वहीं ले आता। बन्नो ने भी कई बार सोचा कि काम पर तब तक न जाए, जब तक भाभी जी लौटकर न आ जाएँ। लेकिन उसका अपना मन भी, उसके वश में कहाँ रह गया था। अपने आपको धोखा देने के भी कितने बहाने मिल जाते हैं न। ऐसे ही नहीं कहा गया कि इश्क़ में लैला का और सफ़र में थैले का ध्यान रखना होता है।

तुम मुझको न चाहो तो कोई बात नहीं

विश्वविद्यालय में प्रथम-द्वितीय वर्ष में स्नातक स्तर पर लड़के-लड़कियों के बीच कक्षा में संवाद न के बराबर था। हालाँकि कक्षा के शुरुआती दिनों से लड़कों की रुचि अपनी कक्षा के लड़कियों के नाम जानने में रहती थी। अटेंडेंस के समय एच.पी. का दोस्त अरुण सभी लड़कियों का नाम कान लगाकर सुनता। अरुण की रुचि इस तरह की जानकारी जुटाने में रहती थी कि कोई लड़की किस जिले की है, किस जाति की, किस मुहल्ले से आती है या हॉस्टल में रहती है आदि।

अँग्रेज़ी माध्यम वाले लड़के-लड़कियाँ कैंपस में आपस में बात करते। उनको देखकर अरुण के भीतर ईर्ष्या उबाल मारने लगती। अपनी दाढ़ी-मूँछ सहलाते हुए कहता, 'देखो, कैसे अँग्रेज़ी बोलकर लौंडिया फाँस रहा है, ये मुछमुँडवा।' वह ऐसे लड़कों को एसी (एडवांस चूतिया) और अपने जैसे देहात से आए स्टूडेंट्स को डीसी (देहाती चूतिया) कहता।

अरुण को गाने का शौक था। वह कक्षा के लड़के-लड़कियों के बीच गवैया वाली श्रेणी में था। जब भी क्लास में शिक्षक नहीं आते, दोस्त कहते, 'गाना गाओ बे!' अरुण शुरू हो जाता। पहले वह मुकेश के दर्द भरे नग़मे आँख बंद करके पूरी तन्मयता से गाता था। एक बार अरुण ने

क्लास में लड़कों के कहने पर मुकेश का दर्द भरा गीत—*वो मेरे प्यार का ग़म एक बहाना था सनम/अपनी किस्मत ही कुछ ऐसी थी कि दिल टूट गया!* शुरू किया तो कुछ लड़के उसकी तरफ चवन्नी-अठन्नी फेंकने लगे। अरुण बुरा मान गया तब उसके दोस्तों ने समझाया, 'साले! *क्या करते थे साजना, तुम हमसे दूर रह के* और *कबूतर जा-जा-जा* टाइप गाना गाओ। अगर कोई पट गई तो ठीक वर्ना मुकेश के दर्द भरे नग़मे तो गाने ही हैं।'

एक दिन साइंस फैकल्टी में एक कर्मचारी के मर जाने से क्लास कैंसिल हो गई। दोस्तों ने अरुण को घेरा, 'कुछ सुनाओ भाई।' दो-तीन लड़कियों भी आ गईं। एक ने कहा, 'हाँ कुछ सुनाओ! आप बहुत अच्छा गाते हो।' फिर अरुण खुल गया। देर तक गाता रहा और लड़के-लड़कियाँ तालियाँ बजाते रहे। फिर दशहरा आ गया।

अरुण कुछ दिन के लिए चंदौली के पास अपने गाँव चहनिया चला गया। जब लौटा तो एच.पी. और सुरेश हाथी पार्क में मिल गए। उन्होंने अरुण को कहा, 'अरे यार तुम कहाँ चले गए थे? उस दिन तो तुमने क्लास में सबको अपना दीवाना बना डाला। वह छरहरी लड़की जब भी मिलती है, तुम्हारे बारे में बात करती है। कल ही तुम्हारे बारे में पूछ रही थी?'

अरुण की उत्सुकता बढ़ गई। उसने नाम पूछा तो दोनों दोस्तों ने कहा, 'गुरु नाम तो पता नहीं है, वही जो पतली-सी, लम्बी-सी है। कल दिखाएँगे तुमको।' अरुण ने उन दोनों को बन-मक्खन खिलाया और चाय पिलाई।

अगले दिन अरुण जानना चाह रहा था कि वह कौन थी जो पूछ रही थी। एच.पी. ने कहा, 'यार अरुण भाई, आज लगता है आई नहीं है। हम लोग नेतराम की कचौड़ी खाने जा रहे हैं, चलोगे का?' अरुण

साथ आ गया और नेतराम की कचौड़ी खाने के बाद उसी ने भुगतान भी किया। हफ्तों एच.पी. और सुरेश अरुण से सेवा-सत्कार कराते रहे।

फिर परीक्षाएँ नज़दीक आ गईं और क्लास बंद हो गई। पहली परीक्षा के बाद बाहर निकलते हुए जब अरुण मिला तो एच.पी. ने हँसते हुए कहा, 'अबे तुमको पूछ रही थी!' अरुण मुस्कुराता हुआ आगे बढ़ गया।

जब नया सत्र आरम्भ हुआ तो एच.पी. ने अरुण को रोका और बताया कि जो लड़की तुमको पूछ रही थी, उसका नाम रूमी है। अरुण को तो विश्वास ही नहीं हुआ, कहाँ रूमी सेंट मेरी स्कूल की पढ़ी हुई, इंग्लिश मीडियम वाली, गौरवर्ण, तीखे नाक-नक्श वाली, संभ्रांत दिखने वाली लड़की; और कहाँ अरुण गेहुँआ रंग, देसी अंदाज़ में केश सज्जा, दाढ़ी के साथ चारखाने वाली शर्ट-पैंट और एक्शन कंपनी वाला स्पोर्ट्स-शू पहनने वाला लड़का। एच.पी. ने अरुण को चढ़ाया, 'बेटा, लॉटरी लग गई है तुम्हारी!'

अरुण और रूमी का एक कॉमन विषय था—हिंदी। जिस दिन हिंदी की क्लास होती, अरुण नहा-धोकर माथे पर लाल टीका लगाकर यूनिवर्सिटी आता और बस रूमी की तरफ देखता। जिस दिन रूमी नहीं दिखती, अरुण दोस्तों से पूछता, 'दिखी थी क्या?' उस दिन अरुण यूनिवर्सिटी से लेकर कटरा तक घूमता कि रूमी शायद कहीं दिख जाए। क्लास में अरुण पिछली बेंच पर बैठकर ख़याली पुलाव पकाता कि जल्दी ही रूमी उसके बग़ल गें बैठेगी। हालाँकि रूमी कभी अरुण को ध्यान से देखती भी नहीं थी। जब कभी अरुण निराश होकर एच.पी. से यह बताता तो एच.पी. उससे कहता कि अबे लड़की शर्मा रही होगी।

तुम किसी दिन अकेले में बात करके देखो, वह अपना दिल खोलकर रख देगी। एक दिन अरुण ने अपनी ही कक्षा के एक लड़के प्रतीक के साथ रूमी को बात करते देखा।

जब अरुण ने यह बात एच.पी. को बताई तो एच.पी. ने अगले दिन हॉस्टल के दोस्तों से प्रतीक को यूनियन हॉल के सामने धमकी दिलवा दी, 'सुनो बे! यूनिवर्सिटी में पढ़ने आते हो न, तो वही किया करो। लौंडियाबाजी के चक्कर में न पड़ो। किसी अउर के माल पर हाथ धर देबो त बवाल हो जाई!' प्रतीक कुछ समझ नहीं पाया और बिना किसी प्रतिरोध के वहाँ से आगे चला गया।

जब रूमी हिंदी विभाग से निकलती तो अरुण उसके पीछे-पीछे इंग्लिश डिपार्टमेंट जाता। वैसे अरुण का विषय इंग्लिश नहीं था—दर्शनशास्त्र और संस्कृत था। जब दो महीने ऐसे ही घूमते हुए बीत गए और अरुण रूमी से कुछ बोल नहीं पाया तो एच.पी. और सुरेश ने कहा, 'अबे उसको एक चिट्ठी दे दो!' हाथ-पैर जोड़कर इंग्लिश में एमए कर चुके एक सीनियर से अरुण ने एक लव लेटर लिखवाया।

अरुण के सामने अब सवाल यह था कि लव लेटर कैसे दिया जाए? कहाँ दिया जाए? क्लास में लेटर देने की अरुण की हिम्मत नहीं हो रही थी। रोज़ लेटर लेकर जाता कि आज दे दूँगा, लेकिन रूमी को देखते ही उसकी धड़कनें तेज़ हो जातीं और माथे पर पसीना आने लगता। साहस वाली सूक्तियों और दोस्तों के ललकारने का प्रभाव अरुण पर नहीं पड़ा और लेटर लेकर घूमते हुए एक सप्ताह निकल गया।

अरुण पर मानसिक दबाव बढ़ रहा था। अरुण को पता था कि रूमी सिविल लाइन्स की तरफ से हिन्दू हॉस्टल के सामने से अपनी स्कूटी से आती है। सोमवार का दिन। सुबह नौ बजे। चार-पाँच दोस्तों के साथ अरुण हिन्दू हॉस्टल से मनमोहन पार्क के बीच चाय की दुकान पर खड़ा

हो गया। पीछे बेंच पर बैठा रणविजय बोला, 'अरुण भाई! आ रही है तुम्हारी वाली, तैयार रहो!' पहले तो अरुण की साँस ऐसी चली, जैसे कोई उसे मारने के लिए दौड़ा रहा हो। फिर अरुण अचानक बीच सड़क पर आ गया। रूमी की स्कूटी उसके नज़दीक आ चुकी थी।

'गाड़ी रोक... रोक...' अरुण चिल्लाया। हड़बड़ाहट में रूमी ने ब्रेक लगाई। वह गिरते-गिरते बची। अरुण ने हाथ में लिया लव लेटर उसको देने की कोशिश की तो उसने हाथ पीछे खींच लिया। अरुण को समझ में नहीं आ रहा था कि वह क्या बोले। घबराकर उसने लेटर रूमी की स्कूटी पर फेंक दिया और आवाज़ भारी करके बोला, 'तुम हमको न चाहो तो कोई बात नहीं, किसी और को चाहोगी तो मुश्किल होगी; चल निकल...!'

अरुण जल्दी से मुड़कर विपरीत दिशा की ओर चल दिया। तमतमाया चेहरा लिए रूमी ने अपनी स्कूटी स्टार्ट की और आर्ट्स फैकल्टी की तरफ बढ़ गई। अरुण का लेटर स्कूटी से उड़कर सड़क पर गिर गया। एच.पी. पान की गुमटी के पीछे खड़ा सब देख रहा था।

वह अरुण के पास आया और बोला, 'क्या बे! एकदम चूतिये हो क्या? लड़की को ऐसे प्रपोज़ करते हैं? मेरी सब मेहनत बेकार हो गई!' अरुण का मुँह लटक गया। वह चुपचाप अपनी साइकिल लेकर बघाड़ा मुहल्ले के अपने कमरे पर चला गया।

हॉस्टल लौटकर एच.पी. ने लोगों को हँसते हुए अरुण का क़िस्सा बताया। शाम तक कहानी बदल गई, 'अबे जानते हो आज मनमोहन पार्क के पास रुमिया ने अरुणवा को दो झापड़ मारा!'

पोस्टर

एग्ज़ाम्स ख़त्म हो चुके थे। इसके बाद वे लोग पढ़ने के नाम पर यहीं रुके रहे, जिन्होंने कभी नियमित क्लास नहीं की थी; और एग्ज़ाम्स को बहुत गम्भीरता से नहीं लिया था। जून की गर्मी की एक दोपहर में संजय, एच.पी. और सुरेश से मिलने तेलियरगंज से उनके हॉस्टल आया। बाहर साइकिल खड़ी करके उनके रूम की तरफ बढ़ा। वहाँ पूरा सन्नाटा था। जब कमरे में ताला लगा दिखा तो संजय को अफ़सोस हुआ कि बेकार ही आए, इस दोपहर में। साले कोई भी दोस्त नहीं मिला। पता नहीं कहाँ मर गए सब।

सुरेश का कमरा नीचे ही था और उसमें आगे और पीछे दो दरवाज़े थे। संजय थके क़दमों से लौट रहा था। फिर उसे ख़याल आया—एक बार पिछला दरवाज़ा देख लेता हूँ।

यह दरवाज़ा भी बंद था, लेकिन संजय ने बस ऐसे ही लौटने से पहले खटखटा दिया और वापस जाने के लिए मुड़ गया। दो क़दम ही चला था कि दरवाज़ा खुला और सुरेश ने गर्दन बाहर निकाली। उसके चेहरे पर भय, खीझ और जल्दबाज़ी का मिश्रित भाव था।

संजय को देखते ही बोला, 'क्या है बे? जल्दी अंदर आ।' संजय को कुछ समझ नहीं आया।

संजय अंदर आया तो सुरेश ने झट-से दरवाज़ा बंद कर लिया। कमरे में अँधेरा था तो संजय को तुरंत कुछ भी दिखाई नहीं दिया।

उस छोटे-से कमरे में आठ लोग ज़मीन पर बैठे थे। सामने के टेबल पर वीसीआर और टीवी था। टीवी बंद था। संजय अभी खड़ा था। किसी ने फुसफुसाकर कहा, 'अबे जल्दी बइठो, नहीं तो भागो स्साले! हम लोग समझे कोई वॉर्डन-ऑर्डन आ गया!' संजय वहीं बैठ गया। फिल्म फिर से स्टार्ट हो गई। सबकी नज़रें स्क्रीन पर धँस गईं। संजय के शरीर में सुरसुरी उठने लगी और शरीर का तापमान बढ़ गया। इससे पहले उसने ऐसी थ्री-एक्स वाली फिल्म नहीं देखी थी। फिल्म चलती रही। आवाज़ बाहर न जाए, इसलिए टीवी की आवाज़ म्यूट थी। समर, एच.पी., सुरेश, रणविजय, कौशल, संजय—सभी बारी-बारी से बाथरूम जाते और फिर आकर चुपचाप स्क्रीन में धँस जाते। चार घंटे के लिए ही वीसीआर, टीवी और वीडियो कैसेट आया था। शाम को चंदा लगाकर फिल्म का किराया और वीसीआर, टीवी और वीडियो कैसेट कटरा की दुकान पर वापस कर दिया गया।

सुरेश के साथ रहने से एच.पी. को भी हॉस्टल में लोग जानने लगे थे। हॉस्टल के बाबू से मिलकर उसकी भी हॉस्टल फीस एक बार में जमा हो गई थी। एक दिन सुरेश कहीं से कुछ हीरोइनों के अर्धनग्न पोस्टर ले आया। एच.पी. ने रात को ही अपने रूम के पास वाले टॉयलेट में पोस्टर चिपका दिया। हॉस्टल में कई लोग टॉयलेट में बैठकर परीक्षा के संभावित प्रश्नों को मन-ही-मन दुहराते रहते थे, अब वहाँ रौनक बढ़ गई थी। पोस्टर देखकर लोग अपने को जवान फील करें, इसी उद्देश्य से वहाँ पोस्टर लगाए गए थे। एक बार एक

टॉयलेट का दरवाज़ा उखड़ गया था और वह महीनों ठीक नहीं हुआ। इस टॉयलेट को लोग इमरजेंसी में इस्तेमाल करते और अंदर जाते हुए दरवाज़ा उठाकर रख लेते। एच.पी. और सुरेश जब कभी देखते कि कोई इस टॉयलेट के अंदर गया है तो धीरे-से दरवाज़े के पीछे अपना मुँह छिपाए, उस दरवाज़े को किनारे रखकर भाग जाते। अंदर बैठा व्यक्ति समझ नहीं पाता कि पहले अपनी इज़्ज़त ढँके या गाली दे।

मस्ती के साथ ही एच.पी. बीच-बीच में बहुत सीरियस हो जाता। उसे अपने माता-पिता की याद आने लगती। पहली बार जब एच.पी. इलाहाबाद आ रहा था तो कैसे पिता जी रात को ही सुमेर रिक्शावाले को सहेज दिए थे तो वह पाँच बजे भोर में ही घर आ गया था। कैसे माई ने मुट्ठी में सौ रुपए का नोट देकर दही-गुड़ खिलाकर विदा किया था और एच.पी. माई का पैर छूकर बाबू जी के साथ स्टेशन के लिए निकल पड़ा था। माई की आँखें नम थीं और वह दूर तक सुमेर के रिक्शे को स्टेशन की ओर जाते हुए देखती रहीं। कैसे रास्ते में पिता जी के परिचित मिले और उन्होंने पूछा, 'कहीं जा रहे हैं का आप?' पिता जी सबको एक ही जवाब देते, 'न! बबुआ को इलाहाबाद जाना है न एडमिशन लेने, तो स्टेशन तक जा रहे हैं।' कुछ दोस्त और एक रिश्तेदार भी स्टेशन आ गए थे। छोटे स्टेशन पर जाने वालों से अधिक पहुँचाने वाले प्लेटफॉर्म पर रहते हैं।

आँखों में वह दृश्य सजीव हो उठा कि कैसे पिता जी काउंटर से इलाहाबाद का एक टिकट लिए थे और कैसे एच.पी. को इलाहाबाद पैसेंजर में बैठाया था। कैसे सीट के नीचे बोरिया और बैग सेट करते हुए पिता जी ने समझाया था कि ट्रेन में अपने सामान से सजग रहना और इलाहाबाद में क्या करना, क्या नहीं करना है। पिता जी बोल ही रहे थे कि पैसा सँभाल के रखना, अपना सूटकेस देखते रहना, खाना

ठीक से खाना कि तब तक सीटी बजी और ट्रेन प्लेटफॉर्म से रेंगने लगी। रह-रहकर एच.पी. की आँखों में वह दृश्य सजीव हो उठता कि पिता जी तब तक हाथ हिलाते रहे, जब तक ट्रेन आँख से ओझल नहीं हो गई। विदाई हमेशा हमें भीतर से कुछ रिक्त कर देती है।

कई बार एच.पी. को आत्मग्लानि होती कि वह पिता जी को ढूँढ़ने की जगह पढ़ने के लिए इलाहाबाद में बैठा है। पिता जी के जाने से उसका अपना संघर्ष तो बढ़ा ही, घर की ज़िम्मेदारी भी आ गई। दोस्तों के सहारे एच.पी. का भोजन और कपड़े का काम तो चल रहा था, लेकिन यूनिवर्सिटी की फीस, बहन की फीस—उसका क्या? माँ को डॉक्टर को दिखाना था, लेकिन वह पैसे की कमी से टालता रहा। माँ की पेंशन का मामला अभी भी लटका हुआ था क्योंकि सरकार को कौन सबूत के साथ बताता कि एच.पी. के पिता हैं या नहीं हैं।

आशा की डोर

कुछ दिन गाँव में रहने के बाद एच.पी. इलाहाबाद वापस आया। वह पार्ट टाइम कुछ काम ढूँढ़ रहा था जिससे फीस और खाने का कुछ पैसा सुरेश को दे सके। दोस्तों पर बोझ बनकर जीना किसे अच्छा लगता है? एक दोस्त ने उसे जॉर्ज टाउन में एक ट्यूशन पकड़वा दिया। तीसरी के बच्चे को ट्यूशन पढ़ाना था। इस तरह तीन सौ रुपए का जुगाड़ बना। जैसे बेरोज़गार लड़के को नौकरी के विज्ञापन आने से उम्मीद बँधी रहती है, वैसे ही एच.पी. को लगा जीवन में अब कुछ अच्छा होगा।

एच.पी. को वहाँ पहले बच्चे के साथ खेलना पड़ता था, तब बच्चा ट्यूशन पढ़ने के लिए तैयार होता था। पहले महीने के पैसे मिले तो एच.पी. ने सुरेश के लिए एक टी-शर्ट और अपने लिए दो बनियान और दो पैंटी खरीदकर लाया। पैंटी मर्दाना कच्छे से सस्ती मिली तो एच.पी. ने वही खरीद ली। तार पर रंगीन पैंटी देखकर कई लड़के समझाते कि रात में कोई लड़की आई होगी।

एक शाम को एच.पी. और तीन-चार दोस्त लक्ष्मी चौराहे पर चाय पी रहे थे। एक दोस्त ने पूछा, 'का बे, तुम्हारा ट्यूशन कैसा चल रहा है?'

एच.पी. बोला, 'अरे साला बच्चे को पढ़ाने से पहले, उसके साथ खेलना पडता है; तब वह पढ़ने बैठता है!'

तभी तिवारी ने एच.पी. को छेड़ा, 'अबे बच्चे के साथ ही खेलता है या उसकी मम्मी के साथ?' सभी दोस्त ठहाका मारकर हँसने लगे। एच.पी. मुस्कुराकर रह गया।

विश्वविद्यालय में कई ऐसे लड़के थे जो मस्तराम की कहानी में थोड़ा हेर-फेर करके उसे सत्य कथा बताते। ऐसी कहानी में अक्सर अठारह-बीस साल के लड़के का अपने से दस-पंद्रह साल बड़ी किसी दूर की भाभी, कोई मुहल्ले की आंटी से चक्कर चल रहा होता। इन कहानियों की प्रेरणा से कई नौजवान अपने लिए मनगढ़ंत सपने देखने लगते।

तिवारी के मज़ाक से एच.पी. का ध्यान बच्चे की मम्मी पर जाने लगा। बच्चे की मम्मी कभी स्लीवलेस ब्लाउज़ के साथ साड़ी, तो कभी कुर्ता, तो कभी टाइट जींस-टीशर्ट पहने मास्साब को चाय देने आती। मांसल शरीर देखकर एच.पी. बच्चे को पढ़ाने से अधिक बच्चे की मम्मी के शारीरिक उभार पर ध्यान लगने लगा था।

दोस्तों के चढ़ाने पर एक दिन एच.पी. ने बच्चे की मम्मी की उम्र पूछ ली। एक सप्ताह बाद बच्चे के पापा ने एच.पी. को महीने का पैसा दिया और कहा, 'मास्साब! हम लोग घर बदल रहे हैं, अगर ट्यूशन की ज़रूरत होगी तो हम बताएँगे।'

एच.पी. क्या बोलता? उसके माथे पर पसीना आ गया, गला सूख गया और आँख नम हो गईं। जीवन में कई बार जब सपनों को पंख लगने लगते हैं, उम्मीदों का गर्भपात हो जाता है। एच.पी. की ट्यूशन क्या छूटी, लगा कि एक बार फिर जीवन से आशा की डोर छूट गई।

चुपचाप वहाँ से साइकिल लेकर वह संगम की तरफ निकल गया। एच.पी. को आज फिर पिता की बहुत याद आई और मन हुआ कि वह कहीं भाग जाए।

अलविदा!

चिंता की भी अपनी सीमा होती है। वह दिमाग में अनवरत नहीं बनी रह सकती, धीरे-धीरे कम हो जाती है या आदमी को उसकी आदत हो जाती है। धीरे-धीरे एच.पी. भी ज़िन्दगी के साथ समझौता करने लगा था। उसके कंधों पर ज़िम्मेदारियों का पहाड़ था और आँखों में रंगीन सपने। लेकिन कई बार उसे अपने अरमानों के पंख काटने पड़े थे।

थर्ड ईयर की कक्षाएँ चल रहीं थी। एच.पी. की क्लास में लड़कियाँ भी थीं, लेकिन उसने दो साल में किसी लड़की से कोई बात नहीं की। उन दिनों विश्वविद्यालय में इश्क़ को "टाँका" और दूसरे की प्रेमिका को "जुगाड़" कहने का चलन था। यह ईर्ष्या के कारण भी हो सकता है, क्योंकि अधिकतर लड़के भात-दाल-चोखा और *प्रतियोगिता दर्पण* के चक्कर में लगे रहते और एक दिन यूनिवर्सिटी से बाहर निकल जाते। एच.पी. भी किसी लड़की से दोस्ती करना चाहता था, लेकिन हिम्मत नहीं जुटा पाता था।

एक दिन उसने अजीत से पूछा, 'तू सभी लड़कियों से कैसे बात कर लेता है?'

अजीत ने कहा, 'जैसे तू सभी लड़कों से बात कर लेता है।'

'लेकिन यार, लड़कियों से बात करने में तुझे कोई हिचकिचाहट नहीं होती?'

'क्यों होगी? मैं क्लास की सारी लड़कियों को अपनी बहन मानता हूँ।' अजीत ने कहा।

'क्या?'

'क्लास की सारी लड़कियाँ तुम्हारी बहन हैं?' एच.पी. ने शरारत से मुस्कुराते हुए पूछा।

'हाँ!' अजीत ने "हाँ" पर ज़ोर देते हुए कहा, 'क्लास की सारी लड़कियाँ मेरी बहन हैं।'

तब तक बग़ल में खड़ा धर्मेश सिन्हा बोल पड़ा, 'और ये सबसे बड़ा बैन चो* है!' सारे लड़के ठहका लगाकर हँस पड़े।

लड़कियों को लेकर एच.पी. की बेचैनी बढ़ती जा रही थी। अजीत की बातों ने उसे किसी लड़की से दोस्ती का उपाय सुझा दिया। उसे टिक्कू दीदी की याद आई। उसने सोचा कि अगर टिक्कू दीदी चाहें तो वह किसी लड़की से उसकी दोस्ती करा सकती हैं। टिक्कू दीदी उसके एक सीनियर की प्रेमिका थीं। वुमेंस हॉस्टल (डबल्यू.एच.) में रहती थीं। संगीत की पढ़ाई कर रही थीं। दीदी एच.पी. को मानती थीं और एच.पी. भी टिक्कू दीदी के बैंक, पोस्ट ऑफ़िस, ट्रेन टिकट आदि के कुछ काम कर देता था। उन दिनों इलाहाबाद में वुमेंस हॉस्टल के बारे में एक जुमला चलता था— जिसकी बहन अंदर, उसका भाई सिकंदर।

इसलिए एच.पी. को पूरी उम्मीद थी कि अगर दीदी चाहें तो उसका काम आसानी से हो सकता है। उन दिनों वुमेंस हॉस्टल में किसी लड़की से मिलने के लिए सप्ताह में रविवार का दिन और चार बजे से शाम सात बजे तक का समय मुक़र्रर था। डबल्यू.एच. पर खड़े मुलाक़ाती हॉस्टल की दाई को पर्ची पर लड़की का नाम और कमरा नंबर लिख के देते फिर तीन-चार पर्ची एक साथ लेकर दाई अंदर चली जाती। अंदर हॉस्टल में जाकर दाई लड़की का नाम और कमरा नंबर के साथ आवाज़

लगाती कि विज़िटर आया है। फिर लड़की ने अगर आवाज़ सुनी तो आए, नहीं तो न आए। कुछ मुलाक़ाती मुख्य गेट से खड़े-खड़े मिलकर विदा हो जाते। अगर किसी के साथ इत्मीनान से बात करना होता, तो लड़कियाँ उन्हें अंदर थोड़ा आगे हॉस्टल की सीढ़ियों तक ले जा सकती थीं और वहीं बैठकर बातें कर सकती थीं। हर मुलाक़ाती लड़का और छात्रावासी लड़की, दूसरे मुलाक़ातियों को भी देखते और अंदाज़ लगाते कि जो मिलने आया है, वह कौन हो सकता है—बाप, भाई, प्रेमी या टाइमपास? एक रविवार एच.पी. गर्ल्स हॉस्टल गया। लल्ला चुंगी से कुछ खाने का सामान लेकर लौट रही एक लड़की के हाथ अपनी पर्ची भेज दी। थोड़ी देर में टिक्कू दीदी आईं।

एच.पी. पहले इधर-उधर की बात करके बोला, 'दीदी! मेरी क्लासमेट है रागिनी, उससे बात करनी है। आप ही करवा सकती हैं? आपके ही हॉस्टल की है।'

टिक्कू दीदी टाल-मटोल करती रहीं और कोई ठोस आश्वासन नहीं दिया। कई सप्ताह तक दीदी, "हाँ-हाँ बात करती हूँ।" टाइप जवाब देती रहीं। फिर एक बार मज़ा लेने के लिए बोलीं, 'मैंने बात की, लेकिन वह तो तुमको पहचान नहीं पा रही है। किसी दिन उसका मूड देखकर बात करवा दूँगी।'

दीदी का अश्वासन पाकर एच.पी. सपनों का महल बनाने लगा। अगले दिन से धुला शर्ट-पैंट पहनकर हॉस्टल से निकलता। कई बार बिना पूछे दोस्तों के नए कपड़े पहनकर रागिनी से मिलने चला जाता। एक-दो दोस्तों ने पूछा भी था, 'कहाँ बे? आज कुछ ख़ास है का?' लेकिन एच.पी. मुस्कुराकर आगे बढ़ जाता।

हालाँकि क्लास में रागिनी उसकी तरफ देखती भी नहीं थी। पॉलिटिकल साइंस की क्लास में अग्रवाल मैडम आतीं, हाज़िरी लेतीं,

पढ़ातीं और क्लास ख़त्म हो जाती; लेकिन एच.पी. का ध्यान रागिनी की तरफ ही लगा रहता... पर फिर भी उससे बातचीत का कोई मौका नहीं मिला।

जब एच.पी. ने बहुत ज़िद की तो कुछ दिनों के बाद टिक्कू दीदी ने हॉस्टल के गेट पर रागिनी और एच.पी. का परिचय करा दिया। दोनों क्लासमेट तो थे ही, तो यूनिवर्सिटी में भी हाय-हेलो होने लगी। फीस जमा करना हो, कोई किताब खरीदनी हो तो रागिनी एच.पी. को बोल देती। वह सारे काम जो, वह टिक्कू दीदी के लिए करता था, अब रागिनी के लिए भी करने लगा। धीरे-धीरे दोनों में विश्वास बढ़ा तो दोनों साथ आने-जाने लगे। रागिनी ने म्यूज़िक में प्रयाग संगीत समिति में एडमिशन लिया था। सप्ताह में दो दिन शाम को वह प्रयाग संगीत समिति जाती थी। अब एच.पी. ने भी बाँसुरी सीखने के लिए प्रयाग संगीत समिति में एडमिशन ले लिया। दोनों अब संडे को पैदल या रिक्शे से कभी कटरा, कभी सिविल लाइन्स, आनंद भवन, या भारद्वाज पार्क की तरफ निकल जाते।

रागिनी और उसकी एक दोस्त नीलम, दर्पण सिनेमा में एच.पी. के साथ बारह से तीन बजे के शो में "हम हैं राही प्यार के" देखने गए। सिनेमा हॉल में एक-दो बार रागिनी के हाथ से एच.पी. का हाथ छू गया। रागिनी कुछ बोली नहीं। हॉल से बाहर निकलते हुए एच.पी. ने रागिनी का हाथ चूम लिया। हॉल के बाहर आते हुए रागिनी का चेहरा लाल था और उसे तेज़ी-से पसीना आ रहा था। एच.पी. भी रागिनी से नज़रें छुपा रहा था। रिक्शे से वापस हॉस्टल लौटते हुए तीनों चुप थे। नीलम ने भी बस काम भर की बातें कीं। एच.पी. कर्नलगंज में ही उतर गया।

रागिनी को उस रात तेज़ बुखार आ गया। सिर दर्द भी था। नीलम ने एच.पी. को हॉस्टल में फ़ोन करके ख़बर कर दी। अगले दिन सुबह

एच.पी रागिनी को लेकर वॉल्सन चौराहे पर डॉक्टर के पास गया। रागिनी को दवा दिलवाकर एच.पी. वापस गर्ल्स हॉस्टल के गेट पर आ चुका था। रागिनी हॉस्टल में जाने लगी तो एच.पी. ने रागिनी का माथा छूआ। एच.पी. का हाथ काँप रहा था और रागिनी का बुखार अभी भी तेज़ था। रागिनी को दवा खाने, आराम करने की सलाह देकर एच.पी. वापस अपने हॉस्टल आ गया। शाम को एच.पी. ने जगजीत सिंह और गुलाम अली की ग़ज़लों की तीन कैसेट्स और "गेट वेल सून" वाला कार्ड रागिनी के पास हॉस्टल में भिजवा दिया।

दो दिन बाद रागिनी का बुखार उतरा। उस दिन एच.पी. ने एक फ्रेंडशिप वाला कार्ड और लाल गुलाब ख़रीदा और एक नोटबुक में रखकर रागिनी को दे दिया। अगले दिन रागिनी ने एच.पी. को एक "थैंक्यू फ्रेंड" वाला कार्ड दिया। दोनों अब यूनिवर्सिटी में भी क्लास ख़त्म होने के बाद कहीं-न-कहीं बैठे दिख जाते। रागिनी टिफ़िन में एच.पी. के लिए कुछ-न-कुछ खाने के लिए भी ले आती। एच.पी. भी कभी-कभी रागिनी के लिए चॉकलेट ले जाता। अक्सर शाम को दोनों कभी बैंक रोड, तो कभी आनंद भवन, तो कभी कटरा की तरफ टहलते हुए निकल जाते। जल्दी ही गर्ल्स हॉस्टल से लेकर क्लास तक में लोगों के बीच दोनों की चर्चा होने लगी। वैसी ही चर्चा, जैसी पहले एच.पी. दूसरे प्रेमी जोड़े के बारे में करता था।

एक दिन क्लास में रागिनी ने बताया कि उसे एक सप्ताह के लिए अपनी बुआ की बेटी की शादी में प्रतापगढ़ जाना है। एच.पी. को जैसे ही रागिनी ने यह बात बताई, उसे अजीब-सी घबराहट होने लगी। उसे लगा कि रागिनी कुछ दिनों के लिए नहीं, बल्कि हमेशा के लिए वहाँ जा रही हो।

एच.पी. ने कहा, 'पहले तो तुम्हारा प्रतापगढ़ जाने का कोई प्लान नहीं था?'

रागिनी बोली, 'हम लड़कियों का अपना कोई प्लान नहीं होता। जो घरवाले कह देते हैं, उसे मानना ही हमारा प्लान होता है।'

दोनों एक-दूसरे का हाथ थामे काफी देर तक चुपचाप खड़े रहे। शादी में जाने से पहले रागिनी को कुछ खरीदारी करनी थी तो प्रयाग संगीत समिति से लौटते हुए वह एच.पी. के साथ कटरा गई। कटरा में एक दुकान पर रागिनी ने तीन-चार सूट अलग रखवा लिए और फिर एच.पी. से पूछा, 'बताओ इनमें से कौन-सा लूँ?' एच.पी. ने एक धानी सलवार और गुलाबी कुर्ते वाले सूट पर हाथ रखा और रागिनी ने उसे ही ले लिया। रागिनी ने उसी दुकान से एक लाइट पिंक कलर की टी-शर्ट भी ख़रीदी। सामान खरीदकर दोनों जब दुकान से निकले तो वहीं सामने खोखा राय दही-बड़ा वाले का ठेला दिख गया। एच.पी. और रागिनी ने खोखा राय के ठेले से दही-बड़े खाए और फिर एक रिक्शा लेकर वापस लल्ला चुंगी की तरफ चल दिए।

शनिवार को रागिनी को बस पकड़नी थी। एच.पी. हॉस्टल के बाहर ही रागिनी का इंतज़ार कर रहा था। उसने एक रिक्शे को रोक रखा था। गर्ल्स हॉस्टल के अंदर से रागिनी एक सूटकेस लेकर गेट तक आई। पीछे से उसका दूसरा बैग, उसकी दो सहेलियाँ लेकर आईं। एच.पी. ने रिक्शे पर सामान रखा। रागिनी अपनी सहेलियों से गले मिली और फिर एच.पी. के साथ सिविल लाइन्स बसअड्डे के लिए निकल पड़ी।

बसअड्डे पर प्रतापगढ़ की बस लगी थी। एच.पी. ने कंडक्टर के पीछे वाली सीट के नीचे बैग और ऊपर की तरफ सूटकेस रख दिया। फिर बस से उतरकर एक पानी की बोतल और चिप्स का पैकेट ले आया और रागिनी को पकड़ा दिया। रागिनी के साथ बैठकर थोड़ी देर इधर-उधर की बात होती रही। रागिनी ने एक गिफ्ट पैकेट बैग से निकाला और एच.पी. को पकड़ा दिया।

एच.पी. ने पूछा, 'ये क्या है?'

रागिनी ने मुस्कुराते हुए कहा, 'तुम्हारे लिए!'

सभी सीट पर सवारियाँ आ चुकी थीं। ड्राइवर मुँह में सुर्ती रखकर स्टीयरिंग पकड़कर एसक्लेटेर पर दबाव बनाए हुए था। कंडक्टर अपने कान से कलम उतारकर टिकट काटने लगा। धीरे-धीरे बस रेंगने लगी और बसअड्डे के अंदर से मेन रोड पर आ गई। एच.पी. रागिनी से गले मिला और "हैप्पी जर्नी" बोलकर नीचे उतरा। रागिनी ने खिड़की से हाथ हिलाया और धीरे-से बोली, 'अपना ध्यान रखना!' अब बस रेंगते हुए हनुमान मंदिर की दिशा में आगे निकल चुकी थी। एच.पी. दूर तक जाती बस को देखता रहा। फिर पैदल ही हॉस्टल लौट गया।

एच.पी. के पास पिता जी को खोजने, अपने ख़र्चे जुटाने का संघर्ष तो था ही, अब रागिनी से दोस्ती ने उसकी चिंता और बेचैनी बढ़ा दी थी। रागिनी एक सप्ताह के लिए गई थी, लेकिन दस दिन बीत जाने पर भी उसका कुछ पता नहीं चला। एच.पी. की बेचैनी बढ़ती जा रही थी। एच.पी. कई बार हॉस्टल के सामने खड़ा रहता कि शायद रागिनी दिख जाएगी या किसी से उसके बारे में पता चलेगा। संगीत समिति भी गया, लेकिन वहाँ से भी कुछ पता नहीं चला। एच.पी. ने सिक्के वाले फ़ोन से हॉस्टल में फ़ोन भी किया। गर्ल्स हॉस्टल का फ़ोन तो हमेशा व्यस्त ही रहता। बहुत मुश्किल से एच.पी. का फ़ोन लगा तो किसी ने कहा, 'होल्ड करिए, देखते हैं!' वहीं से उस लड़की ने आवाज़ दी, 'चौवन नंबर का फ़ोन है।'

फिर किसी ने बरामदे से आवाज़ लगाई, 'चौवन नंबर का फ़ोन है।'

थोड़ी देर में एक लड़की ने उधर से जवाब दिया, 'भइया! चौवन नंबर कमरे में ताला लगा है।'

रागिनी ग्यारहवें दिन वापस आई। दिसंबर का महीना था। कड़ाके की सर्दी थी। उसने दूर से ही एच.पी. को देखकर ख़ुशी में हाथ हिलाया, लेकिन एच.पी. का चेहरा उतरा हुआ था।

रागिनी ने पूछा, 'क्या हुआ? चेहरे पर बारह क्यों बजाए हो?'

एच.पी. बोला, 'अरे तुम तो शादी में जाकर भूल गईं और यहाँ एक-एक दिन काटना मुश्किल हो गया!'

रागिनी ने "सॉरी" बोला कि हाँ उसे बता देना चाहिए था कि कुछ दिन और लग सकते हैं। रागिनी ने भी कहा कि उसे भी एच.पी. की याद सता रही थी, लेकिन वह वहाँ रिश्तेदारों के बीच में क्या करती?

रागिनी ने बोला, 'मुझे चाय पीनी है।'

एच.पी. और रागिनी बात करते हुए चर्च लेन के रास्ते पर बढ़ चले। चर्च लेन के कोने पर चाय पीने के बाद दोनों बातें करते हुए वापस लौटे। कुहरा पड़ रहा था। गर्ल्स हॉस्टल के गेट पर सन्नाटा था। एच.पी. को गेट पर रोककर रागिनी अंदर गई। घर के बने बेसन के लड्डू, मीठा खस्ता, मठरी और मूँगफली वाली नमकीन, एक पॉलिथीन में लेकर रागिनी आई और एच.पी. को पकड़ा दी। विदा होने से पहले एच.पी. ने धीरे-से रागिनी के हाथ को चूम लिया। मुस्कुराते हुए वह हॉस्टल में वापस चली गई।

रागिनी हॉस्टल में वापस चली तो गई, लेकिन उसकी बेचैनी बढ़ती जा रही थी। एच.पी. की बातें, उसके साथ बिताए पल और उसका हल्का स्पर्श—रागिनी के दिलो-दिमाग में घूम रहा था। वह चाहती थी कि एच.पी. के साथ ऐसी जगह चली जाए, जहाँ तीसरा कोई न हो। रागिनी को नींद नहीं आ रही थी। उसने टेप रिकॉर्डर पर जगजीत सिंह की ग़ज़ल लगाई। पर्स में रखी एच.पी. की फोटो को प्यार से निहारा, चूमा और कब नींद आ गई, उसे पता ही नहीं चला।

अगले दिन रागिनी ने एच.पी. को चार बजे डबल्यू.एच. के बाहर बुलाया। दोनों रिक्शे से कम्पनी बाग़ की तरफ चल दिए। कम्पनी बाग में दोनों एक-दूसरे का हाथ थामे बतियाते रहे थे। अब अँधेरा होने लगा था। बाग के अंदर ही बरगद के पुराने पेड़ के पास हैंडपम्प था। एच.पी. रागिनी का हाथ पकड़े उधर ही चला गया। पेड़ से पीठ सटाए

एच.पी. ने रागिनी को अपनी बाँहों में भर लिया। रागिनी ने एच.पी. का होंठ चूम लिया। कुछ देर के बाद जब दोनों को अपनी सुध आई तो भारी क़दमों से कर्नलगंज की तरफ गए। दोनों यूँ ही मिलते रहे और उनकी आँखें सपनों का स्वेटर बुनने लगीं। एग्ज़ाम्स नज़दीक आ गए थे। रागिनी ने कह दिया था कि अब रोज़ का मिलना मुश्किल है। अब रागिनी को कहीं जाना होता तो वह अपनी किसी सहेली के साथ चली जाती। तीन-चार दिन में कभी एच.पी. से मिलती, तब भी गंभीर रहती। एच.पी. समझ नहीं पा रहा था कि रागिनी का व्यवहार क्यों बदला हुआ है?

एक दिन एच.पी. मनमोहन पार्क के पास की कोचिंग के बाहर टिक्कू दीदी से मिल गया। टिक्कू दीदी ने आईएएस मेंस की कोचिंग जॉइन कर ली थी। वैसे इलाहाबाद-दिल्ली में ज़रूरी नहीं कि सभी मेंस की कोचिंग करने वाले प्रिलिम्स पास ही करते हों। कई बार कोचिंग के विज्ञापन और बनाई कहानी में लोग सपने देखते-देखते ठग लिए जाते हैं। कई लोग प्रतियोगिता छोड़ कोचिंग में पढ़ाने लगे थे। तिवारी कहता था, 'नौकरी करने वालों ने उतना पैसा कभी नहीं कमाया, जितना नौकरी न पाने वालों ने कोचिंग खोलकर कमाया है।'

ख़ैर, एच.पी. ने टिक्कू दीदी को बताया कि रागिनी से तीन-चार दिन से कोई बात नहीं हो पा रही है। वह पता नहीं क्यों इग्नोर कर रही है। टिक्कू दीदी ने एच.पी. को सांत्वना दी, 'ऐसा कुछ नहीं है, रागिनी व्यस्त होगी। वह तुम्हारी बहुत तारीफ़ करती है कि एच.पी. अच्छा दोस्त है, बहुत केयरिंग है। मैं उससे बात कर लूँगी।'

संस्कृत डिपार्टमेंट की तरफ़ से आते हुए रागिनी की रूममेट अंजली एच.पी. से मिल गई। अंजली ने बातों-बातों में एच.पी. को बताया कि जबसे रागिनी के घर वाले उसकी शादी की बात चला रहे हैं, तब से वह थोड़ा परेशान रहने लगी है। अंजली ने बताया कि लड़का, रागिनी

के दूर की रिश्तेदारी में है और यहीं मेडिकल कॉलेज में एमबीबीएस, फाइनल ईयर में है!

एच.पी. का गला सूख गया और वह मुँह लटकाए निःशब्द खड़ा रहा। फिर अपने आँसू रोकते हुए वह चल पड़ा। वहाँ से आगे बढ़ते हुए वह छात्रसंघ भवन की तरफ आ गया। वहीं पानी से मुँह धोया और फिर गेट पर जाकर दुकान से एक सिगरेट ली।

सिगरेट पीते हुए वह अपने कमरे पर लौटा और धड़ाम से बिस्तर पर गिर गया। उसके बगल के कमरे में रेडियो बज रहा था। गाने के बोल थे, 'चाँदी की दीवार न टूटी, प्यार भरा दिल टूट गया!' एच.पी. की आँखों से आँसू बह रहे थे। रागिनी की दी हुई पिंक टी-शर्ट एच.पी. के सिरहाने पड़ी हुई थी।

उस दिन एच.पी. कमरे से नहीं निकला। अगले दिन दोपहर में एच.पी. को रागिनी की भेजी चिट्ठी मिली। एच.पी. ने काँपते हाथों से चिट्ठी खोली। चिट्ठी में सिर्फ एक शब्द लिखा था... "अलविदा!"

एच.पी. के हाथ-पैर काँपने लगे और हाथ से चिट्ठी छूट कर ज़मीन पर गिर गई। एच.पी. निढाल होकर फिर बिस्तर पर गिर पड़ा। बेचैन होकर करवट बदलता रहा। फिर शाम को उठा, मुँह धोया, पीठ पर बैग टाँगकर स्टेशन से इलाहाबाद पैसेंजर पकड़कर अपने गाँव चला गया।

लाठी

एच.पी. जब इलाहाबाद वापस आया तो मंडल आयोग की सिफारिशों को लागू करने के विरोध और समर्थन में आंदोलन चल रहा था। दिल्ली से पटना तक छात्रों का प्रदर्शन उग्र हो रहा था। ट्रेनें-बसें जलाने की घटनाएँ तेज़ हो रही थीं। अगड़े-पिछड़े के आधार पर चाय-पान की गुमटियों पर गुट बन रहे थे। मंडल विरोधी और मंडल समर्थक संगठन बन गए। चक्का जाम से होते-होते मारपीट, लाठी, गोली और छात्रों के आत्मदाह तक की ख़बरें आ रही थीं।

उस दिन यूनिवर्सिटी रोड पर बड़ी संख्या में पुलिस बल तैनात था। घुड़सवार दल का नेतृत्व एसएसपी कर रहे थे। एच.पी. और सुरेश इस जुगत में थे कि किसी तरह एक बार हॉस्टल में पुलिस घुस जाए और जो पढ़ाकू बने हैं, उनके पिछवाड़े पर लाठी बरसाई जाए।

छात्रों का एक समूह मंडल विरोध में नारेबाज़ी करते हुए साइंस फैकल्टी से यूनिवर्सिटी रोड की तरफ आ रहा था। किनारे-किनारे पुलिस बल चल रहा था। थोड़ा आगे घुड़सवार पुलिस खड़ी थी और एसएसपी हेलमेट लगाए एक घोड़े पर बैठा था। जैसे ही जुलूस प्रमोद पुस्तक भंडार और राजू की चाय की दुकान के थोड़ा आगे निकला, एसएसएल हॉस्टल और हॉलैंड हॉल हॉस्टल की तरफ से पुलिस की

गाड़ी और घुड़सवार दल पर दो-तीन पत्थर आकर गिरे। एक पत्थर एसएसएल की ओर से आकर एसएसपी के घोड़े को लगा। घोड़ा उछलने लगा।

इससे पहले कि लोग कुछ समझते, एसएसपी ने घोड़ा हॉस्टल की तरफ दौड़ा दिया। पुलिस ने जुलूस पर लाठी चार्ज कर दिया। कई छात्र घायल हुए और कुछ पुलिस वाले भी ज़ख़्मी हुए। सड़क से अब पुलिस एसएसएल हॉस्टल और उसके पीछे पीसीबी हॉस्टल तक घुस आई।

कुछ स्टूडेंट्स मेस में खाना खा रहे थे। हल्ला मचा—"हॉस्टल में पुलिस!" चारों तरफ भगदड़ मच गई। कोई लुंगी में भागा तो कोई पाजामे-बनियान में। कोई अपने रूम में ही चौकी के नीचे घुस गया, कोई बाथरूम में। जो भी सामने मिला, पुलिस ने उसको बेमुरव्वत लठियाया। कुछ कमरों में पुलिस ने घुसकर कुछेक स्टूडेंट्स को चौकी के नीचे से निकालकर, उनके शरीर के पिछले हिस्से पर लाठी बरसाकर निशान बना दिए।

सुरेश के साथ कुछ नए स्टूडेंट्स मेस से निकलकर टूटी दीवाल के सहारे कटरा की गली में भाग गए। एच.पी. हाथ में पत्थर लिए पुलिस को डराने की कोशिश में था और धीरे-धीरे पीछे हटता जा रहा था। अचानक जयशंकर को देखा तो चिल्लाया, 'भागो बे!' जयशंकर भागा तो बहुत तेज़ लेकिन उसके सामने कटरा की गली से एक गाय आ गई। जयशंकर चकमकाया, तब तक पुलिस का एक डंडा उसके कंधे पर पड़ा और उसका चश्मा गिर गया। धड़धड़-धड़धड़ तीन लाठी। एच.पी. मेस में घुस गया; लेकिन जब पुलिस मेस में गई तो वहाँ रोटियाँ बन रही थीं और कर्मचारियों के अलावा कोई छात्र नहीं मिला। एच.पी. किचन के पीछे स्टोर में लकड़ी और आटे की बोरी के बीच, मेस के

कर्मचारी भुल्लन का लेवा-गुदरा ओढ़कर छुप गया था।

जब मेस के कर्मचारियों ने संकेत दिया कि पुलिस चली गई है, तब एच.पी. धीरे-से उठा, पानी पिया और इधर-उधर झाँककर बाहर निकला। किसी ने बताया कि जयशंकर को पुलिस ने पीटा है, तब एच.पी. जयशंकर के रूम की ओर चला गया।

जयशंकर के कंधे पर, पीठ पर और नितम्ब पर काला निशान पड़ गया था।

एच.पी. ने पूछा, 'का बे! कैसे पकड़ा गए? साले भाग नहीं पाए क्या?'

थोड़ी देर में वहाँ सुरेश भी आ गया। एच.पी. और सुरेश रूम में आकर ख़ूब हँसे कि आज आखिर पुलिस हॉस्टल में घुस ही गई। महीनों तक हॉस्टल में यही चर्चा रही कि पुलिस से कौन कैसे पिटा, कौन कैसे भागा और कौन कैसे बचा।

चुनाव में संगीत

परीक्षा के बाद विश्वविद्यालय में छात्रसंघ का चुनाव घोषित हुआ। डेलीगेसी से लेकर हॉस्टल तक चुनाव में हार-जीत वाले मुद्दों की चर्चा गरग थी। सुरेश और एच.पी. के एक सीनियर, देशराज शाही उपाध्यक्ष पद पर चुनाव लड़ रहे थे। देशराज शाही के एक भाई आरटीओ थे तो उनका चुनाव प्रचार ठीक चल रहा था।

एच.पी. और सुरेश चुनाव के दौरान नेता जी के साथ ही रहते। चुनाव के दौरान दिनभर नेता जी को मोटरसाइकिल से घुमाते, उनके पैसे से नाश्ता, सिगरेट और शाम को छान-छून पार्टी का काम चलता। एच.पी. और सुरेश रात को नेता जी के साथ कभी प्रभात होटल, कभी मोहन होटल; कभी हाईकोर्ट के पास, तो कभी सिविल लाइन्स से खाना खाकर लौटते। दोनों नेता जी को लेकर हर मुहल्ले जाते। एच.पी. और सुरेश, दोनों नेता जी के मुँहलग्गू थे, तो भोजन के अलावा सौ-पचास रुपए नेता से और ले लेते।

सुरेश ने नेता जी को समझाया, 'सर! आज सबसे पईले म्यूजिक डिपार्टमेंट में सेटिंग कल्लो। वहाँ का समर्थन मिल गया तो मल्लब चासनी में शहद। अगर ऐसा हो गया तो ये चुनाव झंडा फाड़ के आपकी गोदी में आएगा!'

एच.पी. ने हुँकारी भरते हुए कहा, 'एक बार संगीत की सभी सुर-तालवालियाँ सिद्ध हो गईं तो फिर शहीद लाल पद्मधर की कसम, यूनियन हाल पर नाम की तख्ती लगना कन्फर्म हो जाएगा।'

नेता जी को तो चुनाव तक प्रचार ही करना था, तो अगले दिन सुबह चकाचक सफेद कुर्ते और पाजामा में जुलूस लेकर संगीत विभाग पहुँच गए। डिपार्टमेंट के हेड साब सामने दिखे। नेता जी हेड साब का आशीर्वाद लेने जा ही रहे थे कि उन्होंने बरामदे से ही ललकारा, 'ख़बरदार! कोई अंदर आया तो। अपने लौंडों को पहले बाहर करो, फिर हम से बात करो। शाही! तुम अकेले आओ। मैं तुम्हारा सबसे परिचय करवा दूँगा।'

नेता जी हेड साब की बात मानकर अकेले अंदर गए। हेड साब बोले, 'देखो! इस गलियारे से आगे जाओ। एक क्लास चल रहा है। तुम पहुँचकर अपना परिचय दो। मैं पीछे से आकर तुम्हारे नाम पर अपनी मुहर लगा दूँगा।'

आज्ञापालन करते हुए नेता जी अपने कुर्ते के कॉलर का बटन ऊपर तक बंद करते, दाढ़ी पर हाथ फेरते हुए उस कक्ष की ओर से सधे हुए क़दमों से आगे बढ़े। वहाँ वाद्ययंत्रों के साथ पैरों के धम्-धम् पटकने का स्वर विस्फुटित होकर पूरे गलियारे को रोमांचित कर रहा था। दरवाज़े पर नेता जी ने शालीनता से दो बार ठक-ठक किया। सुमधुर संगीत के बीच एक कड़क ज़नानी आवाज़ आई। 'कौन? अंदर आओ!'

नेता जी ने थोड़ा-सा दरवाज़ा धकेला। साँवले रंग की थोड़ा गोल-मटोल एक सीनियर छात्रा और उसकी आठ-दस अन्य सहयोगी, लय-ताल मिलाकर वाद्ययंत्र के साथ धौंउके पड़ी थीं। जब नज़र दूसरी तरफ गई तो नेता जी की मानो साँस रुक गई। कुर्ते-पाजामे में एक आदमी तीन ताल की सोलह मात्रा और तीन ताली पर ता धिन्न धिन,

ना धिन्न, धिन ना... ना धिन धिन धिन्न ना... ना तिन तिन ना... तिरकिट धिन्न, तिरकिट धा... किए जा रहा है। शिखर भावभंगिमा में पलटनियाँ मारकर पैर को धम् करके जैसे ही नर्तक ने विराम लिया, नेता जी से उसकी नज़र मिल गई।

नेता जी के मुँह से निकल गया, 'अरे बाप रे! तुम क्या कर रहे हो गौतम?'

भदोही वाला गौतम, प्रकाशन मंत्री पद का उम्मीदवार था। उसने गर्दन झुका ली और कुछ नहीं बोला।

नेता जी की आवाज़ सुनते ही, उस्तादिन ने कहा, 'अंदर आओ! अगला नंबर तुम्हारा ही है।'

नेता जी थोड़ा पीछे हटे। उनके कंठ से आवाज़ आई, 'तेल लेने गया वोट और चुनाव! जल्दी भाग नहीं त बेटा आज इज्जत न बची।'

नेता जी ने कमरे का दरवाज़ा धड़ाम्-से बंद किया और ऐसे भागे, जैसे ट्रैक पर उड़न परी पीटी ऊषा को पछाड़ देंगे। भागते समय हेड साब ने अपने कमरे से देख लिया कि नेता भाग रहा है।

हेड साब बोले, 'अरे-अरे रुको! कहाँ भाग रहे हो? अपना प्रचार किए बिना मत जाओ। मैं हूँ तुम्हारे साथ!'

नेता जी के कंठ से फिर निकला, 'सर! प्रचार की माँ की आँख! आज पहिले अपनी इज्जत बचा लूँ फिर बाकी देखा जाएगा।' बरामदे से सीढ़ी की तरफ भागते-भागते, तोंद के प्रेशर से नेता जी के पाजामे का नाड़ा टूट गया। पाजामा नीचे सरका, लेकिन नेता जी ने अपने दोनों हाथों से पाजामे को पकड़ लिया और विभाग की छत पर पहुँच गए। वहाँ से नेता जी ने झाँककर देखा तो बाहर एच.पी. उनके समर्थन में नारा लगवा रहा था :

नेता तुम संघर्ष करो, हम तुम्हारे साथ हैं!

कोई नहीं है टक्कर में, क्यों पड़े हो चक्कर में!

नेता जी ने देखा कि ऊपर वाली मंज़िल पर एक दम सन्नाटा है, तो उन्होंने एक कोने में अपना पाजामा निकाल लिया। कुर्ते में लगी कलम आज काम आ गई। देशराज शाही उर्फ़ नेता जी ने पेन की मदद से पाजामे में पुन: नाड़ा पिरोया और पहन लिया। कुर्ता ठीक-ठाक करके साँसों को सामान्य करने का प्रयास करते हुए नेता जी वापस आ गए।

नेता जी मोतीचूर के लड्डू की तरह फूटते-फूटते बच गए थे, लेकिन एच.पी. का नारा चालू ही था :

"जो हमसे टकराएगा... चूर-चूर हो जाएगा!"

नेता जी के बग़ल में सुरेश मुस्कुराते हुए चल रहा था। धीरे-से पूछा, 'सर! अंदर कैसा रिस्पांस मिला?'

नेता जी ने कहा, 'ज़बरदस्त! साले, बस ये समझो कि भागते नहीं तो आज हमारी दिन-दहाड़े मार ली गई होती!'

भीड़ इंक़लाबी अंदाज़ में नारा लगाते हुए अब साइंस फैकल्टी जाने के लिए यूनियन हॉल की तरफ से यूनिवर्सिटी रोड पर आ रही थी। चुनाव का तापमान बढ़ चला था। कैंपस से लेकर हॉस्टल के बाहर तक बैनर-पोस्टर लगे हुए थे। हरेक नेता दस-बीस लोगों के साथ जनसम्पर्क कर रहा था। यूनिवर्सिटी के एक पुराने छात्रसंघ अध्यक्ष राम नगीना

ठाकुर सफ़ेद धोती-कुर्ते में दो भूतपूर्व महामंत्री—आनंद मिश्र और कृष्णा चौधरी के साथ ओपी की चाय की दुकान के सामने बैठे थे। सभी प्रत्याशी आते और राम नगीना ठाकुर का पैर छूते और जीतने के लिए आशीर्वाद और उनका समर्थन माँगते। कुछ वाम संगठन वाले उनको देखकर नारा लगवा देते : *गढ़ों-मठों को तोड़ेंगे, इतिहास की धारा मोड़ेंगे!*

छात्रसंघ चुनाव में अंतिम दो दिनों में पुराने अध्यक्ष-महामंत्री रहे लोगों के किसी वर्तमान प्रत्याशी के मंच पर आ जाने से उसकी हवा बन जाती थी; और इस तरह यूनिवर्सिटी की राजनीति में पुराने नेताओं का वर्चस्व भी कायम रहता था। यह अलग बात है कि व्यक्तित्व के अनुसार पीठ पीछे भूतपूर्व छात्र नेताओं के अलग-अलग नाम रखे जाते थे; जिसके सिर पर बाल कम हों उसे तबलची, जिसकी लम्बाई कम हो उसे भंटा, जो कंजूस हो उसे पेलूपंडा, जो थोड़ा अकड़ में रहता हो उसे चौड़ा सिंह आदि ऐसे नाम दिए जाते थे। लेकिन मज़ाक उड़ाने वाले छात्र और नेता चुनाव के आते ही जाति, क्षेत्र, हॉस्टल, विचारधारा वाले समीकरण के साथ एक मंच से गर्जन करने लगते।

उधर देशराज शाही का जुलूस आता देख राम नगीना ठाकुर सड़क के दूसरी तरफ बहादुर पान वाले के पास खड़े हो गए। देशराज और राम नगीना ठाकुर का गाँव आज़मगढ़ जिले में आसपास ही था। देशराज पिछली बार हार गए थे, लेकिन अबकी चुनाव जीतने की स्थिति में थे। एच.पी. ने देशराज को इशारा किया कि राम नगीना ठाकुर उधर खड़े हैं।

देशराज शाही ने पूर्व अध्यक्ष राम नगीना ठाकुर को दूर से ही लम्बा नमस्कार किया और सामने आकर खड़े हो गए। फिर हँसते हुए बोले,

'भाई साहब! अबकी हमको जीतना है। आप हैं न हमारे साथ?'

राम नगीना ठाकुर ने पीछे मुड़कर पहले पान थूका और सींक से दाँत खोदते हुए बोले, 'तुमको कृष्ण चाहिए या कृष्ण की सेना?'

देशराज शाही बात-बात में गाली देने के लिए जाने जाते थे; लेकिन चुनाव का मौका था तो वह अपने को समझा ले गए। मुस्कुराकर भोजपुरी में बोले, 'भइया! कृष्ण के लेके हम का घंटा डोलाइब? अरे हमके सेना चाहीं। बैनर-पोस्टर लगावे के ह अउर भीड़ चाहीं जुलूस खातिर।'

राम नगीना यह जवाब सुनकर झंट तो बहुत बुरा हुए, लेकिन "हम्म" करके थोड़ी देर बाद बोले, 'ठीक है! तुमको सेना मिलेगी!'

वहीं खड़ा एक छात्र धीरे-से बोला, 'जिसे अपमान बर्दाश्त करना न आए, उसे राजनीति में नहीं आना चाहिए।'

प्रणाम करके देशराज शाही फिर अपने समर्थकों के साथ साइंस फैकल्टी की तरफ चले गए। आगे जाकर एच.पी. ने पूछा, 'भाई! ई कृष्ण कौन है और सेना कौन?'

देशराज ने बताया, 'यही अकेले सेना, कृष्ण, भौकाल—सब हैं। चार आदमी पूछने वाले होते तो लोकसभा-विधानसभा लड़ रहे होते, इहाँ रोड पर बैठकर दस साल से मठाधीशी नहीं करते।'

अगले दिन यूनिवर्सिटी रोड पर देशराज का मंच लगा, लेकिन राम नगीना ठाकुर एक अध्यक्ष पद के प्रत्याशी के मंच पर जमे रहे। अगले दिन मतदान हो गया। कड़े संघर्ष में देशराज शाही 94 वोटों से उपाध्यक्ष का चुनाव जीत गया। राम नगीना ठाकुर का अध्यक्ष पद का प्रत्याशी कृष्ण पाल यादव से 253 वोटों से हार गया। कत्थक वाला गौतम प्रकाशन मंत्री का चुनाव जीत गया था।

जब देशराज का विजय-जुलूस निकला तो गाड़ी पर राम नगीना ठाकुर, देशराज के बग़ल में खड़े थे। एच.पी. और सुरेश अबीर-गुलाल

उड़ा रहे थे। नारा लग रहा था : "राम नगीना—देशराज ज़िंदाबाद-ज़िंदाबाद!"

जो नेता चुनाव हार गए थे, उनके समर्थक भी नारा लगा रहे थे।

नारा लगाया : "नेता लड़ा था चौड़े से, हारे-जीते लौ* से!" पीछे से किसी ने जोड़ा : "हमको काम पकोड़े से!"

विश्वविद्यालय से देर शाम लौटते हुए चुनाव में हार-जीत को लेकर मंडल समर्थक और मंडल विरोधी छात्रों में भिड़ंत हो गई और राम मूर्ति के किसी समर्थक ने तमंचे से गोली चला दी। रितेश को पेट में गोली लग गई थी और दो लड़के रितेश के पेट को गमछे से बाँधकर मेडिकल कॉलेज की तरफ भागे। खून बहता जा रहा था। एच.पी. और सुरेश अभी हॉस्टल लौटे ही थे कि ख़बर आई कि मेडिकल कॉलेज पहुँचो, ब्लड की ज़रूरत है। गोली पेट में लगने से रितेश की आँत बाहर निकल आई थी। खून बहता जा रहा था। एच.पी. और सुरेश ने 70-80 छात्रों को खून देने के लिए जुटा लिया था। रितेश की जान बचेगी कि नहीं? यह सवाल सभी के चेहरे पर उभर गया था। डॉक्टर्स, सर्जरी और खून का बहाव रोकने में लगे थे। इमरजेंसी वॉर्ड के बाहर छात्रों की गहमागहमी बढ़ती जा रही थी। सुबह तक यूनिवर्सिटी के कई नेता भी मेडिकल कॉलेज पहुँचे, लेकिन अभी भी रितेश खतरे से बाहर नहीं था।

उस रात जो भी दो-तीन डॉक्टर ड्यूटी पर थे, कुछ साफ़-साफ़ नहीं बोल पा रहे थे कि रितेश बचेगा या नहीं। बाहर कई छात्र खून देने के लिए जमा थे। रात ग्यारह बजे के क़रीब छात्र नेता रंजीत कुमार, राजेंद्र दूबे और शिव प्रताप अंदर सीनियर डॉक्टर से मिलने

गए। अभी वह लोग अंदर ही थे तभी यह ख़बर फैली कि रितेश नहीं बचा!

एच.पी. अपने बगल में खड़े सुरेश को पकड़कर ज़ोर-ज़ोर-से रोने लगा। सुरेश भी अपने को रोक नहीं पाया और उसकी आँख से झर-झर आँसू बहने लगे। आस-पास खड़े दूसरे छात्रों की आँखों में भी आँसू भर आए। कुछ छात्रों के चेहरे पर क्रोध और आक्रोश साफ़ दिख रहा था। शिव प्रताप ने कुछ देर बाद बाहर आकर बताया कि रितेश की स्थिति गंभीर तो है लेकिन आईसीयू में अभी कई डॉक्टर उसे बचाने में लगे हैं। रितेश के अभिभावक पटना में थे। देर रात में उनको फ़ोन पर भी ख़बर कर दिया गया कि उनका बेटा क्रिटिकल स्थिति में भर्ती है।

मेडिकल कॉलेज से लेकर विश्वविद्यालय तक में तनाव का माहौल था। कर्नलगंज थाने की पुलिस यूनिवर्सिटी इलाके में जीप से गश्त लगा रही थी।

दूसरे दिन भी रितेश की हालत को लेकर संशय बना रहा। डॉक्टरों की तीन दिन की मेहनत के बाद रितेश की स्थिति में कुछ सुधार दिखा। एक सप्ताह बाद, रितेश प्राइवेट वार्ड में शिफ़्ट हुआ। उसके दोस्तों का आना-जाना लगा रहा। रितेश का इलाज चलता रहा लेकिन उसमें सुधार बहुत धीमी गति से हो रहा था। तीन सप्ताह बाद रितेश को घाव भरने तक आराम करने की सलाह और दवा-पट्टी के साथ डॉक्टरों ने छुट्टी दे दी। रितेश अपने माता-पिता और दो दोस्तों के साथ एम्बुलेंस से पटना चला गया।

डाग्दर साब!

सर्दियाँ शुरू हो रही थीं। दशहरा-दिवाली का पर्व आने वाला था। एच.पी. की माँ को दमे की बीमारी से दिक्कत हो रही थी। अभी कोई परीक्षा थी नहीं और सत्र लेट था, तो एच.पी. गाँव चला गया। उसके स्कूल का एक दोस्त मेडिकल रिप्रेज़ेंटेटिव बन गया था, तो एच.पी. ने उसकी मदद से माँ को दिखाने के लिए डॉक्टर अग्रवाल से अपॉइंटमेंट ले लिया।

डॉक्टर अग्रवाल वरिष्ठ हृदय रोग विशेषज्ञ थे। वैसे कई साल पहले डॉक्टर साहब मेडिकल कॉलेज से रिटायर हो चुके थे। वह खुद ही बहुत कमज़ोर दिखते थे; लेकिन शाम को दो घंटे मरीज़ देखते थे। दरभंगा कॉलोनी के उनके क्लिनिक में चार-पाँच मरीज़ फ़ाइल लेकर अपनी बारी का इंतज़ार कर रहे थे। दो-तीन लोगों के बाद एच.पी. और उनकी माँ को डॉक्टर अग्रवाल ने अंदर बुला लिया।

डॉक्टर अग्रवाल ने माँ से पूछा, 'क्या तकलीफ है आपको?'

माँ ने भोजपुरी में कहा, 'डाग्दर साब! साँस बहुत तेज चलत बा! खोंखी आवता। देह आ कपार दुखाला।'

डॉक्टर अग्रवाल ने आला लगा के देखा। नाड़ी देखी। मरीज़ का बीपी बढ़ा था। सीने में कफ़ भी जमा था। डॉक्टर साहब दवाई लिखने लगे। माँ उनका मुँह ताकने लगीं। माँ को लगा कि डॉक्टर

साहब ठीक से उनकी बीमारी नहीं समझ पाए। उन्होंने डॉक्टर से पूछा, 'डाग्दर साब! हम ठीक हो जाईब न?'

डॉक्टर अग्रवाल ने आत्मविश्वास से कहा, 'हाँ-हाँ! आपको दवाई लिख रहा हूँ, आप पंद्रह दिन में ठीक हो जाएँगी!' डॉक्टर ने दवाई का पर्चा पकड़ा दिया।

माँ को भरोसा नहीं हुआ कि उनको ठीक से देखा है, डॉक्टर ने। डॉक्टर अग्रवाल की मुँह की तरफ देखते हुए बोलीं, 'ऐ डाग्दर साब! हमरा विश्वास नईखे कि आपके दवाई से हम ठीक हो जाईब। हमरा से ढेर त तोहार साँस फूलत बा। त हमरा से पहिले तू ही काहें न आपन दवाइया खा लेता!'

डॉक्टर अग्रवाल का चेहरा तमतमा गया। वह गुस्से से काँपने लगे। एच.पी. पर चिल्लाकर बोले, 'निकलिए यहाँ से—एक दम निकलिए! मज़ाक बनाने आए हैं आप लोग यहाँ?'

एच.पी. माँ का हाथ पकड़कर बाहर ले आया। दूसरे मरीज़ समझ नहीं पाए कि अंदर से क्यों तेज़ आवाज़ में डॉक्टर साहब बोल रहे थे। एच.पी. ने पीछे मुड़कर खिड़की से देखा तो डॉक्टर अग्रवाल खुद हाथ में किसी दवा का पत्ता लिए हुए थे।

शादी का कोट

एच.पी. के दोस्तों का फैलाव सभी हॉस्टल के साथ-साथ करेली-धूमनगंज-कीटगंज-राजपुर-तेलियरगंज-गोविंदपुरी-बघाड़ा-दारागंज सहित झूँसी तक हो गया था—कोई दोस्त आज़मगढ़-गाज़ीपुर-बलिया का, तो कोई जौनपुर-सुल्तानपुर-अमेठी; तो कोई बाँदा-महोबा-फतेहपुर, तो कोई गोरखपुर-छपरा-सीवान का।

वैसे भी स्नातक होते-होते लड़के-लड़कियों की एक नई पर्सनैलिटी सामने आ जाती है। संघर्ष के दिनों में यदि धैर्य बना रहे तो वह शालीनता बन जाती है। चूँकि अब हॉस्टल में शाम का खाना रूम में ही बनता, इसलिए एच.पी. दोपहर में तीन-चार बजे सब्ज़ी लेने जाता। उसकी कोशिश होती कि जब दुकान पर सन्नाटा हो, तभी वहाँ जाया जाए। एक छोटा-सा किराना स्टोर और सामने सब्ज़ी की दुकान थी। सेना में वायरलेस ऑपरेटर से रिटायर होकर भानु प्रताप ने यह दुकान खोली थी। वह अधिक पावर का चश्मा पहनते और एच.पी. को देखकर खुश हो जाते थे। एच.पी. कहता, 'अंकल नमस्ते! एक पाव आलू।' फिर थोड़ी देर बाद कहता, 'अंकल, दो प्याज़, एक टमाटर... थोड़ी मिर्च।' अंकल जब तक दूसरी तरफ सामान देने के लिए मुड़ते, तब तक एच.पी. अपने बड़े साइज़ के हाफ़ पैंट में कभी अंडा, तो कभी अदरक, तो कभी एक प्याज़ रख लेता। इस तरह एक टाइम की सब्ज़ी में दो-तीन टाइम का जुगाड़ हो जाता।

सभी करीबी दोस्त एच.पी. के लिए चिन्तित रहते कि आगे उसका क्या होगा? एक दोस्त समर बीएसएफ़ में सब-इंस्पेक्टर सेलेक्ट हो गया था। समर हैदराबाद में ट्रेनिंग करने चला गया। कुछ महीनों बाद उसकी शादी तय हो गई। हैदराबाद से शादी के लिए घर जाते समय समर इलाहाबाद रुका और एच.पी. के साथ सिविल लाइन्स से कपड़ा लेकर टंडन टेलर्स के यहाँ कोट का नाप दे दिया। समर और एच.पी. का नाप लगभग एक जैसा ही था। सिविल लाइन्स में ही रेमंड से समर ने अपने लिए दो टाइयाँ भी खरीद लीं। एच.पी. ने समर को आश्वासन दिया कि वह इलाहाबाद से कोट लेकर शादी के दिन सुबह ही मऊ पहुँच जाएगा।

एच.पी. के ममेरे भइया की भी शादी तय हो गई थी। उन्होंने एच.पी. को कोट सिलवाने के लिए पैसा भी भेज दिया था; लेकिन एच.पी. कोई कपड़ा नहीं ख़रीद सका और पैसा हॉस्टल की फीस जमा करने के काम आ गया।

एच.पी. ने सिविल लाइन्स से समर का कोट और टाई ले ली और बलिया की बस पकड़ ली। एच.पी. ने ममेरे भइया सहित पूरे परिवार को दिखा दिया कि उसने यही कोट-टाई शादी के लिए बनवाया है। भैया की बारात में एच.पी. ने समर वाला ही कोट-टाई पहना। जिस दिन भैया की बारात वापस आ गई, उसी दिन शाम को समर की शादी थी।

दोपहर बाद समर की बारात जानी थी। वादे के मुताबिक एच.पी. को कोट लेकर सुबह ही आ जाना था। समर के गाँव में परिछन की तैयारी होने लगी। एच.पी. का अभी कोई अता-पता नहीं। समर इधर-उधर करके कुछ टाइम काट रहा था कि एच.पी. आ जाए। आखिरकार परिछन शुरू हो गया, लेकिन एच.पी. का अभी भी कुछ पता नहीं चला। जो ज़िन्दगी में एक बार कोट-टाई पहनता है, वह अपनी शादी

के परिछन से द्वार-पूजा तक पहनता है। अक्सर बाद के वर्षों में लोग एल्बम में, कोट-टाई और गुलाबी गमछा वाली अपनी तस्वीर देखकर थोड़ा लजाते भी हैं। अँग्रेज़ों ने भारत में वर्षों रहकर धोती नहीं पहनी, लेकिन उनके जाने के बाद भी लोग कोट पहनना नहीं भूले।

समर का परिछन हुआ, लेकिन कोट नहीं आया। समर के बाबू जी पूछे भी कि कोट कहाँ है? समर क्या बोलता? अब बारात निकलने वाली थी। समर ने थोड़ा और टाइम काटने के लिए मैदान जाने का बहाना बनाया। लोटा लेकर दूर तक गया। अब भी एच.पी. नहीं आया। दिन के तीन बज चुके थे। बाराती बस में बैठ रहे थे। समर के बड़का बाबूजी कह रहे थे, 'बारात निकालो, नहीं तो देर हो जाएगी।' बैंड-बाजा बजने लगा, "आज मेरे यार की शादी है!"

इंतज़ार करते-करते आखिरकार दूल्हे की मारुती वैन बारात के लिए रवाना हो गई। पैंट-शर्ट में दूल्हा गाड़ी में बैठा। सड़क के दोनों ओर देखता जा रहा है कि एच.पी. अब दिखेगा, अब दिखेगा।

बारात रतनपुरा पहुँच गई। खेत में तंबू लगा था और बगल में प्राइमरी स्कूल था। लड़की वालों ने स्कूल के कमरे में ही मिठाई आदि रखी थी। वहीं हैंडपम्प के साथ दो बाल्टी और चार लोटा रखवा दिया था कि बाराती जल्दी से फ्रेश हो लें। बारात के लोग, लड्डू-इमरती-गुलाब जामुन के साथ पानी पी चुके थे। अब कोल्ड ड्रिंक बाँटी जा रही थी। कुछ लोग हाथ-मुँह धोकर अब द्वार-पूजा के लिए तैयार हो गए थे। एक ही सेंट की शीशी कई बारातियों के काम आई। मिट्ठा पानी पी लेने के बाद बैंड-बाजे वाले फिर पीं-पीं-पीं बजाने लगे। बैंजोवाल ने जैसे ही "आज मेरे यार की शादी है!" बजाया, बैंड-बाजे के साथ लौंडे नाचने के लिए आगे आ गए। बारात द्वार-पूजा के लिए सरकने लगी।

आगे-आगे बैंड और पीछे-पीछे बाराती। लड़की के घर की ओर कारवाँ निकल चला। एच.पी. का कुछ पता नहीं चला और समर बिना कोट के कार में बैठ गया। कार अभी खेत से खड़ंजे पर चढ़ी ही थी कि एक मोटरसाइकिल, ठीक कार के सामने आकर रुक गई।

मोटरसाइकिल देखते ही दूल्हा कार से उतरा और पहले दो घूँसे मोटरसाइकिल वाले को जमाए। दूल्हे ने मोटरसाइकिल वाले से कोट छीना और गाड़ी में बैठकर पहन लिया। लोग समझ नहीं पाए कि क्या हुआ।

मार खाकर भी मोटरसाइकिल सवार एच.पी. किसी महापुरुष की तरह शांति की मुद्रा में बना रहा। मोटरसाइकिल स्कूल पर खड़ी करने में उसका पैर लड़खड़ा रहा था। लेकिन कुछ ही देर में वह बारात में वापस आ गया और आगे जाकर लौंडों के साथ नाचते हुए द्वार-पूजा में शामिल हो गया।

डॉग शो

एमए का एडमिशन लेट था। दो साल के एमए का रिज़ल्ट आते-आते पाँच साल पूरे हो जाते थे, इसलिए एच.पी., सुरेश, विवेक, अवधेश, कमल—किसी को जल्दी नहीं थी। किसी ने एमए, तो किसी ने एलएलबी में एडमिशन लिया। जो हॉस्टल में थे, उन्हें हॉस्टल का रूम बचाना था और जो डेलीगेसी में थे, उन्हें इलाहाबाद में बने रहने का कारण बताना था। कम्पटीशन की तैयारी एक सर्वकालिक तर्क था। देव, मंजुल, प्रवीण, लल्लन, विनोद और राकेश जैसे दोस्तों को पढ़ने की जल्दी थी। वे लोग बीए के बाद दिल्ली चले गए।

इलाहाबाद में पढ़ाई से अधिक बड़ी उपलब्धि, किसी भी परीक्षा को संपन्न करा लेने की बन चुकी थी, ऐसे में दो सत्रों के बीच में कुछ सीनियर स्टूडेंट्स पार्ट-टाइम ठेकेदारी, टैक्सी स्टैंड का ठेका, कोचिंग से पैसा वसूलने और बड़े वकील के लिए केस लाने जैसे विकल्प भी तलाशते रहते। एच.पी. और सुरेश जॉनसेनगंज के गुप्ता लॉज से लौट रहे थे। उन्हें हाथी पार्क के बाहर कुछ लम्बी कारें और चहल-पहल होते दिखी। सुन्दर और पैसेवाली महिलाओं, लड़कियों को देखकर दोनों पार्क के अंदर गए। वहाँ पाँच-छः जूनियर-सीनियर लड़के पहले से बैठे थे। मारपीट के भय से हॉस्टल वालों को गेट पर गार्ड नहीं रोकते थे।

एच.पी. और सुरेश ने देखा कि डॉग शो हो रहा है। शहर के बड़े घरों के नहाए-खाए, पोमेरेनियन, हस्की, पग, अल्सटियन, लेब्राडॉर आदि नस्ल के छोटे-बड़े कुत्ते यहाँ कम्पटीशन के लिए आए हैं।

सुरेश ने एच.पी. को कहा, 'हम लोग का कुत्ता भी आएगा और कम्पटीशन जीतेगा!'

एच.पी. ने कहा, 'साले! यहाँ तो हमीं कुत्ते जैसे लग रहे हैं; कुत्ता कहाँ-से लाएँगे?'

एच.पी. और सुरेश तेज़ी-से चलकर हॉस्टल आए। मेस के पीछे देशी कुतिया और तीन-चार पिल्ले थे। एच.पी. ने मेस में से एक सर्वेंट को रस्सी लाने को कहा। वह मूँज वाली रस्सी लाया। दो पिल्लों को मूँज की रस्सी से गले में बाँधकर, माथे पर लाल टीका लगाकर तैयार किया गया। सुरेश तब तक आठ-दस लोगों को और बुला लाया। दोनों पिल्लों को लेकर जूनियर लड़के आगे-आगे चल दिए।

पीछे-से नारा लगने लगा, "जीतेगा भाई जीतेगा, अपना देशी पिल्ला जीतेगा!"

"न एसी वाला, न विदेशी वाला, जीतेगा शुद्ध देशी वाला!"

रास्ते से उमेश दो गेंदों के फूलों की माला लेते आया और पिल्लों को पहना दी।

भीड़ हाथी पार्क के गेट पर नारा लगाते पहुँची। सभी लोग दोनों पिल्लों को देख आश्चर्यचकित थे और आयोजक भयभीत। सुरेश ने आगे जाकर आयोजकों से बात की तो उन्होंने कहा, 'रजिस्ट्रेशन हुआ है? किस कैटेगरी में आपका डॉग है?'

सुरेश ने कहा, 'रजिस्ट्रेशन? नहीं है। यह तो देशी कैटेगरी में उतरेगा!'

'देशी की तो कोई कैटेगरी नहीं है, भाई साहब!' मेज़ के दूसरी तरफ से एक आयोजक का जवाब आया।

सुरेश ने थोड़ा ज़ोर-से बोलना शुरू किया, 'क्या मजाक है? न तो देशी आदमी और न तो देशी कुत्ते की कहीं पूछ है!'

'भाई साहब ये सब विदेशी कुत्ते और उनके मालिक, देशी गाय का दूध खोजते हैं कि नहीं?'

उधर मंच के सामने जूनियर लड़के, दोनों देशी पिल्ले लेकर नारा लगा रहे थे : "जीतेगा भाई जीतेगा, अपना देशी पिल्ला जीतेगा!"

"न एसी वाला, न विदेशी वाला, जीतेगा शुद्ध देशी वाला!"

शोर-गुल के बीच दोनों पिल्ले डरकर कूँ-कूँ कर रहे थे।

अपने-अपने विदेशी कुत्तों को लेकर आईं महिलाओं-पुरुषों में खुसुर-पुसुर होने लगी। तब तक चार-पाँच स्टूडेंट्स सुरेश के पास आ गए, 'का हुआ सुरेश भाई?' माहौल गरम होने लगा।

स्टूडेंट्स ने सभी कार्यक्रम रोकवा दिए। आयोजकों को लगा कि अब आयोजन गड़बड़ा जाएगा तो उन्होंने आपस में बातचीत की और सुरेश को कहा, 'हम एक देशी कैटेगरी भी रखेंगे।'

किसी तरह माहौल शांत हुआ। सबसे पहले देशी कैटेगरी में दोनों पिल्लों को संयुक्त विजेता घोषित किया गया। एच.पी. और सुरेश को पिल्लों के गार्डियन के नाते पुरस्कार स्वरूप एक-एक कप, गले की घंटी और कुत्तों का बिस्किट वाला पैकेट मिला। ज़ोरदार तालियाँ-सीटियाँ बजीं। विजयी भाव लिए वे सब दोनों पिल्लों को लेकर वापस आ गए।

आयोजकों ने राहत की साँस ली। फिर आगे का कार्यक्रम उनकी अपनी योजना के मुताबिक चला।

मार्कशीट

एच.पी. को एमए की फीस देनी थी। पैसे का जुगाड़ करना था। एच.पी. के लिए यूनिवर्सिटी के एक बाबू से अजय नेता ने सेटिंग की। बीए की मार्कशीट की फोटोकॉपी अजय नेता को देनी थी। सुरेश, शर्मा और मिश्रा को पता चला कि एससी, एसटी, माइनॉरिटी स्कॉलरशिप का पैसा मिलेगा, तो वे भी अपनी मार्कशीट निकालकर तैयार हो गए। बस थर्ड ईयर की मार्कशीट की फोटोकॉपी देनी थी।

एच.पी. ने सभी को ए.एन. झा चौराहे पर बुलाया था। एच.पी. और सुरेश साथ निकले। मिश्रा और शर्मा भी पीसीबी हॉस्टल की तरफ से वहीं पहुँच गए।

एच.पी. ने सबकी मार्कशीट ली और दुकान के अंदर जाकर फोटोकॉपी कराने लगा। मिश्रा, शर्मा और सुरेश चाय का ऑर्डर देने लिए दीक्षित की दुकान की तरफ बढ़ गए। फोटोकॉपी की दुकान में भीड़ नहीं थी। चाय आ गई, लेकिन एच.पी. नहीं आया तो मिश्रा ने बाहर से आवाज़ लगाई, 'अबे जल्दी आ! फोटोकॉपी करा रहे हो या...!'

एच.पी. अपनी मार्कशीट और फोटोकॉपी वाला कागज़ बाएँ हाथ में; और मिश्रा-शर्मा के कागज़ दाएँ हाथ में ले के निकला। फोटोकॉपी के पैसे एच.पी. ने नहीं माँगे तो मिश्रा और शर्मा भी चुप रहे।

चाय पीने के बाद चारों यूनिवर्सिटी में रजिस्ट्रार ऑफ़िस के बाहर पहुँचे। थोड़ी देर में अजय नेता इंग्लिश डिपार्टमेंट की तरफ आ गए। अजय नेता ने मुस्कुराते हुए कहा, 'अच्छा! अब दूसरे को न बताना। दस कैंडिडेट तो हमारे ही हो गए हैं।'

अजय नेता सभी से सेल्फ अटेस्टेड मार्कशीट लेकर अंदर ऑफ़िस में बाबू को देने चले गए। चारों वापस हॉस्टल की तरफ आ गए।

लगभग एक माह बाद अजय नेता चारों के नाम से अलग-अलग 1500 रुपए के चेक लेकर आ गए।

'लो भाई! तुम लोगों की स्कॉलरशिप आ गई!' नेता ने चेक पकड़ाते हुए कहा। बाबू को उसका कमीशन देने के लिए सौ-सौ रुपए के हिसाब से चार सौ रुपए देने थे। एच.पी. और सुरेश ने शर्मा और मिश्रा से दो-दो सौ लेकर चार सौ रुपए बाबू को दे दिए।

आसानी से पैसा जब जेब में आता है, तो खुजली करता है; और जब तक खर्च न हो जाए, मन-मस्तिष्क अशांत रहता है। अगले दिन कर्नलगंज में बैंक जाकर चारों ने अपने नाम का चेक भुना लिया। तय हुआ कि शाम को सिविल लाइन्स जाकर फ्लाइंग मशीन की जींस और एक-एक टी-शर्ट ली जाएगी। खरीदारी के बाद चारों ने शामियाना वाले के यहाँ छोले-भटूरे खाए और लौटते हुए जगराम के यहाँ दो-दो काला जाम चाँपने के बाद ख़ुशी-ख़ुशी अपने-अपने रूम की तरफ चले गए। एच.पी. ने केवल एक जींस ली थी और अगले दिन कटरा से बहन के लिए ढाई सौ रुपए में एक सूट खरीद लिया।

सब अपने-अपने काम में लग गए। इस बीच एच.पी. ने लॉ में एडमिशन फॉर्म भर दिया था। एक हफ्ते बाद जब अजय नेता एच.पी. को मिले तो बोले, 'अरे भाई! फ़र्ज़ी स्कॉलरशिप की शिकायत हो गई

है और कुलपति ने उसकी जाँच कराने को कहा है। हो सकता है कि पैसा वापस करना पड़े।'

एच.पी. ने कहा, 'पैसा तो ख़त्म! फँसाबो का नेता जी?'

'नहीं-नहीं! वैसे तो कुछ होगा नहीं। इसमें बहुत लोग शामिल हैं, लेकिन फिर भी सतर्क रहना।' नेता जी बोले।

शाम तक इस बात की सबको ख़बर हो गई कि स्कॉलरशिप की जाँच हो सकती है। मिश्रा और शर्मा एच.पी. के पास पहुँचे और अपनी चिंता ज़ाहिर की। एच.पी. के माथे पर कोई शिकन नहीं आई। वह मुस्कुराने लगा।

एच.पी. को मुस्कुराता देखकर मिश्रा को कुछ आश्चर्य हुआ। मिश्रा ने पूछा, 'क्यों बे! तुमको कोई टेंशन नहीं है?'

सिगरेट का लम्बा कश लेते हुए एच.पी. ने "न" वाले अंदाज़ में गर्दन हिला दी।

शर्मा ने पूछा, 'काहे! तुम्हार जाँच न होई का?'

एच.पी. ने कहा, 'जो मार्कशीट की फोटोकॉपी हमने स्कॉलरशिप के लिए दी थी, उसमें नाम तो हमारा है, पर नीचे तीनों विषय का नंबर तुम्हारा है। तुम्हारी मार्कशीट के ऊपर अपनी मार्कशीट रखकर, हम फोटोकॉपी कराए और एक नई मार्कशीट बना दी थी।'

मिश्रा और शर्मा झंट हो गए। मिश्रा ने एच.पी. को कहा, 'स्साले! तुम बहुत बड़े कमीना हो; अगर हम फँसे तो तुमका भी लपेटब!'

एच.पी. ने मुस्कुराते हुए कहा, 'बेटा! हम बाहर रहब तो तुम्हार जमानत कराउब!'

सुर्तीखोर

हॉस्टल में सीनियर हो चुके लोगों के बीच आपसी मेल-मिलाप का एक कारण सुर्ती खाने की आदत थी। एच.पी. और सुरेश के ब्लॉक में सर्वेश सर थे, जो हॉस्टल में सुर्ती के स्टॉकिस्ट थे। वह दिनभर अपने रूम के बाहर लुंगी-बुशर्ट या पाजामा-बुशर्ट पहने हाथ में एक किताब लिए कुर्सी पर बैठे रहते। दूसरे स्टूडेंट्स कहते कि वह पढ़ने से अधिक, आने-जाने वालों पर नज़र रखते हैं। सर्वेश सर कभी-कभी एच.पी. और सुरेश को टोकते, 'अरे पढ़ लो बेटा, नहीं तो रोओगे बाद में!'

एच.पी. मुस्कुराकर कहता, 'हाँ सर! तैयारी चल रही है।' वैसे सुरेश सर्वेश सर को बहुत बड़ा वाला कार्टून समझता।

सर्वेश सर के पास सुबह फ्रेश होने के समय से लेकर, देर रात तक सुर्ती की तलब वाले उनके कमरे की ओर आ जाते। सर्वेश सर अपने कमरे में डिब्बी वाली, पैकेट वाली और पुड़िया वाली—तीनों तरह की सुर्ती और चुनौटी रखते। जिसको जो भाए, वह खाए। सर्वेश सर इसे अपनी उपलब्धि समझते कि सब उनके कमरे में आते हैं।

सुरेश कहता, 'ये सब हॉस्टल में सुर्तीखोर साले गाँव में जंघिया-बंडी पहनते थे; अब हॉस्टल में पाजामा-बुशर्ट पहनते हैं। देख लेना, ये ज़िंदगी में लुंगी-पाजामा से आगे नहीं बढ़ पाएँगे और पीसीएस भी हो जाए तो बकलोल ही रहेंगे।'

वैसे सुरेश भी कोई शिकागो से तो नहीं आया था; लेकिन इलाहाबाद आने के बाद उसने अपने को ट्रांसफॉर्म करने के लिए नई पहल की। वह सुर्ती नहीं, गोल्ड फ्लैक ब्रांड की सिगरेट पीता और फुल टाइम जींस-जूते में दिखता। कमरे के भीतर भी रंग-बिरंगे शॉर्ट्स और टी-शर्ट्स पहनता। शहर में नए मालदार दोस्त बनाता। पहले साल के छः महीने बाद ही वह अपनी मूँछें हटवाकर क्लीन शेव हो गया। एच.पी. के साथ आ जाने से दोनों शहरी लुक में दिखने लगे।

एच.पी. सुर्ती खाने वालों के लिए कहता, 'राजा पिए गांजा, बीड़ी पिए चोर, सुर्ती खाए चूतिया, थूके चारों ओर!' इसके जवाब में सर्वेश सर कहते, 'थूकना कितना महत्त्वपूर्ण होता है बेट्टा, यह तब ज्ञात होगा, जब किसी म्यूज़ियम में टिकट लेकर राजा का थूकदान देखने जाओगे!'

कुछ वामपंथी राजनीति से जुड़े छात्र, यूनिवर्सिटी के चपरासी, मेस के कर्मचारियों से सुर्ती-बीड़ी माँगकर समाज में बराबरी का पाठ पढ़ाते। ऐसे लोग भी सर्वेश सर से सुर्ती-सम्बन्ध बनाकर रखते। सर्वेश सर अपने बिस्तर के अलावा कमरे के शेष दो कोनों का इस्तेमाल सुर्ती थूकने के लिए करते थे। उनके साथियों का अनुमान था कि सर्वेशवा सुर्ती-चूना मिलाकर पाँच साल में एक-दो क्विंटल सुर्ती खा चुका होगा। सर्वेश सर रूम में इतना थूकते रहते कि कोई भी अन्य छात्र सर्वेश सर के कमरे में रहने की बजाए हॉस्टल में कोई और सीट खाली होने तक का इंतज़ार कर लेता था।

सर्वेश सर फ़िलॉसफ़ी में जेआरएफ़ हो गए। उन्हें रिसर्च फ़ेलोशिप मिलने लगी तो सर्वेश सर ने हॉस्टल की चहल-क़दमी से दूर, जॉर्ज टाउन में एक कमरा किराए पर ले लिया। सुर्ती खाना छोड़ दिया। अच्छे कपड़े पहनने लगे और दाढ़ी बनाकर रहने लगे। अक्सर हॉस्टल के बाहर वाले कमरे पर ही रात बिताते।

एच.पी. और सुरेश को शक हुआ कि सर्वेश सर कैसे इतना बदल गए? उनका अनुमान था कि सर्वेश पढ़ने के लिए नहीं किसी जुगाड़ में जॉर्ज टाउन जाते हैं। एक दिन एच.पी. से सर्वेश सर का आमना-सामना हुआ तो उसने मज़ाक में कहा, 'सर! जॉर्ज टाउन वाले कमरे की चाभी दे दीजिए, कभी हम भी पढ़ने जाया करेंगे।' सर्वेश सर बस मुस्कुराकर चले गए।

एक दिन दोपहर में एच.पी. और सुरेश मँगनी के स्कूटर से सोहबतियाबाग गए थे। लौटते में प्लान बना कि चलो देखा जाए, सर्वेश सर क्या कर रहे हैं, जॉर्ज टाउन वाले कमरे पर?

कमरे का दरवाज़ा मकान के पीछे की तरफ से था। रास्ता गली से था। एच.पी. और सुरेश दरवाज़े के सामने पहुँचे। दरवाज़ा अंदर से बंद था। एच.पी. ने दरवाज़े पर कान लगाए। धीरे-धीरे बात करने की आवाज़ आ रही थी। सुरेश ने दरवाज़ा पीटना शुरू किया। अंदर से कोई आवाज़ नहीं आई। फिर खटखट हुई तो आवाज़ आई, 'कौन है?' एच.पी. ने आवाज़ बदली और कहा, 'पुलिस!'

बंडी पहने सर्वेश ने थोड़ा दरवाज़ा खोला और गर्दन बाहर निकाली। उसके चेहरे पर घबराहट झलक रही थी। एच.पी. और सुरेश उसे देख हँसने लगे।

एच.पी. ने कहा, 'अंदर आने दीजिए, सर!'

सर्वेश ने लगभग गिड़गिड़ाते हुए कहा, 'अभी नहीं भाई! कोई गेस्ट है।' और दरवाज़ा बंद कर लिया।

एच.पी. और सुरेश मेन रोड पर ही खड़े रहे। थोड़ी देर बाद जब सर्वेश अपनी महिला मित्र के साथ बाहर निकले तो एच.पी. चिल्लाया और पास चला गया, 'अरे सर, नमस्ते! सौ रुपए हैं का?'

सर्वेश चुपचाप सौ रुपए देकर आगे बढ़ गया।

हॉस्टल वापस आकर एच.पी. और सुरेश ने लोगों को बताया कि आज सर्वेश को पकड़ लिए थे हम लोग!

एक्स-रे

हॉस्टल से कई लोग नौकरी पाकर निकलते जा रहे थे। इलाहाबाद में किसी को कोई ज़रूरत होती तो वह एच.पी. और सुरेश को खोजता। राम शरण इलाहाबाद आया तो एच.पी. और सुरेश के कमरे पर ही बैग रख दिया। राम शरण बीए में एच.पी. और सुरेश के साथ पढ़ता था। फिर खागा तहसील में अपने गाँव की पुश्तैनी ज़मीन के कागज़ तलाशने की लड़ाई में गाँव चला गया था।

जब राम शरण वापस इलाहाबाद पहुँचा तो बताया कि शहर में पढ़ा व्यक्ति गाँव के तहसील और ब्लॉक में दो-चार चक्कर से अधिक नहीं टिक पाता है। टूटी बेंच, धूल से सने ऊँघते पंखे, घिसे हुए काले कोट और बीस साल पुरानी फोटोकॉपी मशीन, गर्दो-गुबार वाली फाइलें शहरी व्यक्ति को बता देती हैं कि यहाँ कोई सही काम करवाना, साँड़ से दूध निकालने जैसा है। हाँ, ग़लत काम के लिए रास्ता आसान है, आपसी समन्वय है। यहाँ काम के मामले में कोई जाति-धर्म का बंधन नहीं है, बस पैसा दो—कागज़ लो।

जीवन यापन के लिए अब राम शरण को एक नौकरी की तलाश थी। उनके पास कोई मज़बूत आर्थिक सपोर्ट सिस्टम नहीं था। उसके एक मामा, जो भारत सरकार के एक बड़े अधिकारी रहे थे, बीच-बीच

में उनका कुछ सहयोग राम शरण को मिल जाता था; लेकिन मामा के गुज़र जाने के बाद अब दोस्त ही राम शरण की पूँजी थे।

एक साल बाद आए थे, तो सुरेश ने राम शरण को एक नई शर्ट दी, जो उसके स्वस्थ शरीर के हिसाब से छोटी थी। राम शरण नई शर्ट पाया तो सोचा कि आज ही पहन लूँ!

राम शरण शर्ट पहनने से पहले पैकिंग में लगी आलपिन को मुँह से निकाल रहा था। इसी बीच एक आलपिन उसके मुँह के अंदर चली गई और गले में फँस गई। राम शरण कुछ बोल नहीं पा रहा और इशारे से बताया कि पिन अंदर फँस गई है।

सुरेश ने आनन-फानन में हॉस्टल के दोस्तों को बुलाया। दो-तीन दोस्त आ गए और राम शरण को दरभंगा कॉलोनी के एक बड़े नर्सिंग होम में दाखिल करवा दिया। अस्पताल में एडवांस के नाम पर बमुश्किल दो हज़ार रुपए जुटे और जमा कर दिए गए। कागज़ पर सिग्नेचर हुआ और अस्पताल का वॉर्ड बॉय राम शरण को व्हीलचेयर के साथ ऑपरेशन थिएटर में लेकर चला गया। एक्स-रे, ब्लड-प्रेशर रीडिंग आदि के बाद डॉक्टर सर्जरी के काम में लग गए। दोस्त सब बाहर इंतज़ार करने लगे।

एच.पी. उस दिन सुबह ही एक रिटायर्ड जज साहब के साथ किसी काम से बनारस गया था। आदमी को आर्थिक तंगी आ जाए तो क्या-क्या नहीं करना पड़ता। जज साहब के पास मनमोहन पार्क से मेयो हॉल वाले रास्ते पर एक बड़ा बँगला था, लेकिन रहने वाले अकेले थे। कुछ वर्षों पहले जज साहब की पत्नी का निधन हो चुका था और उनके दोनों बेटे अमेरिका में बस चुके थे। एच.पी. को जज साहब के साथ सप्ताह में एक बार बात करने जाना होता था, क्योंकि जज साहब कितनी किताबें पढ़ते और कब तक कमरे की दीवारें देखते रहते?

बात करने के बदले एच.पी. को कुछ पैसे मिलते थे। कहीं शहर से बाहर जाना होता तो जज साहब नौकर को नहीं एच.पी. को साथ ले जाते और उससे घर-परिवार, दर्शन-राजनीति, समाज की बातें करते रहते। पहले लोग सफल होने के लिए मेहनत करते हैं, लेकिन अक्सर अधिक सफल हो जाने वाले बुढ़ापे में अकेले भी पड़ जाते हैं।

ख़ैर, जज साहब को घर तक छोड़कर एच.पी. सात बजे शाम हॉस्टल वापस लौटा। अभी वह कपड़े बदल ही रहा था कि किसी ने बताया कि राम शरण अस्पताल पहुँच गया है और सुरेश भी वहीं है। राम शरण कर्नलगंज के डीजे हॉस्टल के रास्ते दरभंगा कॉलोनी के अस्पताल पहुँचा। दोस्तों को संतोष हुआ कि एच.पी. सब सँभाल लेगा। एच.पी. ने अस्पताल की तरफ देखते हुए बोला, 'अबे साले! यहाँ कहाँ चले आए तुम लोग? झोरी में घास नहीं और चले जगन्नाथ जी! ये अस्पताल लम्बा बिल बनाई तो पईसा कहाँ-से भरबो, मरा के?'

पईसे वाला पक्ष सुनते ही अस्पताल में मौजूद दोस्तों का कंठ सूखने लगा और सब इधर-उधर देखने लगे। थोड़ी देर में एक डॉक्टर अंदर से आए और बताया, 'मेहनत करनी पड़ी, लेकिन आलपिन निकल गई है। गले में जो घाव हुआ है, उसके लिए मरीज़ को एक-दो दिन रुकना होगा। अभी लड़के को आईसीयू में रखा है।'

डॉक्टर के जाने के बाद नर्स ने बताया कि कल सुबह फिर से मरीज़ का एक्स-रे होगा। नर्स ने अस्पताल में मौजूद दोस्तों को दस हज़ार रुपए जमा कराने का आग्रह किया। दोस्तों ने एक दिन की मोहलत माँगी। दोस्तों को इस बात की ख़ुशी थी कि राम शरण के गले से पिन निकल गई है लेकिन अब चिंता दस हज़ार रुपए का जुगाड़ करने की थी। कहाँ नौकरी की तलाश थी राम शरण को और कहाँ अस्पताल का चक्कर लग गया! ज़िंदगी भी विडंबनाओं से भरी होती है। एक सूचना,

एक घटना, अचानक कितना कुछ बदल देती है। तभी तो कहा गया, "आए थे हरिभजन को, ओटन लगे कपास!"

खाना खाने के बाद कुछ दोस्त राम शरण को देखने अस्पताल आए थे। तभी मंझनपुर से कोई एक सीरियस मरीज़ उसी अस्पताल पहुँचा। रात की ड्यूटी पर एक जूनियर डॉक्टर मौजूद था। बेड की कमी के चलते डॉक्टर ने राम शरण को ऑपरेशन थिएटर से लगे आईसीयू से निकालकर जनरल वॉर्ड में शिफ्ट करा दिया। नर्स ने ड्रिप लगा दी थी और आईसीयू में वापस चली गई थी। थोड़ी देर बाद जब नर्स वापस जा चुकी थी तो एच.पी. ने राम शरण से पूछा, 'गले में अधिक दर्द है का बे?'

गले को खंखारते हुए राम शरण का धीरे-से जवाब आया, 'नहीं! हम अब ठीक हैं।'

इसी बीच नर्स वापस आई। उसने राम शरण को एक दवा खिलाई और बाँह में एक इंजेक्शन लगाया फिर एच.पी. से बोली, 'इनको सोने दीजिए! बात मत करिए इनसे। सुबह फिर डॉक्टर देखेंगे इनको।'

एच.पी. ने जवाब में कहा, 'जी! जी सिस्टर हम भी इनको सोने के लिए ही कह रहे थे।'

उस कमरे में चार बेड थे और बीच में हरे पर्दे लगाकर बेड को अलग किया गया था। दो बेड पर मरीज़ थे और दो बेड खाली थे। एच.पी. ने राम शरण के कान में कुछ बोला और बाहर आ गया। सुरेश, महेंद्र और कमल मोटे वॉर्ड के बाहर ही बेंच पर बैठे थे। रात के साढ़े ग्यारह बज चुके थे। एच.पी. साइकिल लेकर सिविल लाइन्स के यात्री होटल के टैक्सी स्टैंड गया। दो घंटे के बाद एच.पी. एक जीप में वापस आया। यह जीप अख़बार लेकर प्रतापगढ़ जा रही थी। जीप पर राष्ट्रीय दैनिक प्रेस का स्टिकर लगा था।

एच.पी. अंदर राम शरण के पास गया। घड़ी में अब तीन बज रहे थे। अस्पताल में सन्नाटा। गार्ड भी झपकी ले रहा था। थोड़ी देर में एच.पी. और राम शरण बरामदे में आए। सुरेश, महेंद्र और कमल मोटे प्रेस की गाड़ी में बैठकर अस्पताल के पोर्टिको में पहुँचे। झटपट एच.पी. ने राम शरण को धकियाते हुए गाड़ी में घुसा दिया। गार्ड कुछ समझता, इससे पहले जीप गेट से बाहर निकल गई। सुबह जब नर्स मरीज़ को देखने पहुँची तो चादर के नीचे लाइन से सजे सिर्फ चार तकिए मिले। वहाँ कोई मरीज़ नहीं था।

गुरु जी! घंटी बज गई है।

एच.पी. और सुरेश अब एमए में एडमिशन ले चुके थे। वैसे बीए के नंबर के हिसाब से उन्हें एडमिशन नहीं मिलता। लेकिन एक छात्र नेता ने अपना, एच.पी. और सुरेश का एडमिशन आरक्षण कोटे में फ़र्ज़ी सर्टिफिकेट लगाकर करा लिया था। एच.पी. को परीक्षा के दिनों के अलावा रोज़ पढ़ाई करने वाला काम फालतू लगता था। जब कोई पढ़ने के लिए बहुत तर्क करता था तो एच.पी. अपने हॉस्टल सहित आसपास के हॉस्टल में सुपर सीनियर हो चुके लोगों का नाम गिनाता कि ये लोग पूरे साल लुंगी-कुर्ते, पैंट-टी-शर्ट पहनकर हॉस्टल के बरामदे में कुर्सी लगाकर *प्रतियोगिता दर्पण* और *प्रगति मंजूषा* पढ़ते हैं लेकिन अभी तक क्या उखाड़ पाए?

एच.पी. के पिता जी का अभी भी कुछ पता नहीं चला था। हॉस्टल में कई ओल्ड स्टूडेंट्स बिना फी-एडमिशन के रहने लगे थे। वॉर्डन ने भाग-दौड़ करके पुलिस की रेड डलवाकर हॉस्टल खाली करवाया और नए सत्र में फिर से हॉस्टल में कमरा अलॉट हुआ।

वैसे हमेशा कुछ अधिक पढ़ने वाले सीनियर एच.पी. के निशाने पर रहते। हर दो-तीन दिन पर एच.पी. किसी सीनियर को मस्तराम साहित्य देता और कहता, 'लीजिए सर! थोड़ा ये पढ़िए और मज़ा

करिए। ऐसे तो सब बाल उड़ जाएँगे, जीएस पढ़ते-पढ़ते, जिंदगी झंड हो जाएगी!'

हीहीही करते सीनियर लोग गौने की दुल्हिन की तरह शर्माते हुए मस्तराम पुस्तिका किताबों के बीच छुपा लेते। गुदगुदाने के लिए एच.पी. कभी-कभार किसी सीनियर से मज़ा लेता, 'सर! थ्री-एक्स वाली फिल्म देखेंगे? पैसा निकालिए तो वीसीआर-टीवी ले आऊँ किराए पर। क्या ये मस्तराम पढ़ रहे हैं।'

सामने वाला देखता कि दूसरे जूनियर भी बात सुन रहे हैं; थोड़ा झेंप जाता और हीहीही करके कहता, 'बहुत बदमाश हो तुम, एच.पी.!'

आर्थिक चिंता और निराशा दूर करने के लिए एच.पी. कभी *डेबोनियर* तो कभी मस्तराम साहित्य तो कभी किसी हीरोइन का कोई हॉट पोस्टर ले आता। हॉस्टल में सीनियर्स मुन्नन बॉस प्रतियोगी परीक्षा के निर्धारित उम्र सीमा पार करने के नज़दीक पहुँच गए थे लेकिन अभी तक कुछ उखाड़ नहीं पाए थे। मुन्नन बॉस की चिंता बढ़ने लगी थी तो अक्सर शाम को वह एच.पी. और सुरेश को ढूँढ़ते हुए उनके रूम पर आ जाते। मुन्नन बॉस से पैसा लेकर दोनों जुगाड़ की स्कूटर से कटरा या सिविल लाइन्स जाते और कभी-कभी टीचर, तो कभी एट.पीएम की बोतल तो कभी किंगफ़िशर की बियर ले आते। चखने के लिए कभी हीरा हलवाई के यहाँ से कच्चा पनीर तो कभी मनमोहन पार्क से अंडा और लक्ष्मी चौराहे से चावल-मूँगफली-चने का भूँजा और हरी चटनी ले लेते। दारू की दोस्ती पक्की होती गई और अब यह रोज़ का कार्यक्रम बन गया। अगल-बगल के रूम वालों का मानना था कि एच.पी. और सुरेश नए-नए मुर्गे पकड़ते हैं और शाम का जुगाड़ करते हैं। पीने के बाद मन्नन बॉस दार्शनिक हो जाते तो सुरेश के भीतर ग़ालिब की आत्मा घुस जाती।

जैसे-जैसे पैग बढ़ता, मुन्नन बॉस भावुक होते जाते, 'अबे पाँच लोग तो साले हमारा नोट्स पढ़ कर पीसीएस बन गए लेकिन अपनी किस्मत तो गधे के...”

शिवकांत का सिलेक्शन मध्य प्रदेश में डिप्टी एसपी के पद पर हो चुका था। लेकिन वह अभी ट्रेनिंग के लिए नहीं जा पाया था। उसकी आँख में कुछ गड़बड़ी थी लेकिन कुछ ले-देके मामला सेट हो गया था। आँख का ऑपरेशन होने के बाद शिवकांत को ट्रेनिंग जॉइन करनी थी। मन्नन बॉस से, शिवकांत जूनियर था लेकिन कभी-कभार हॉस्टल की महफ़िल में साथ रहता था। एच.पी. ने प्लान बनाया कि रेलवे टीटीई का फॉर्म शिवकांत के साथ भरा जाएगा और वह पास कराएगा। सुरेश एसएससी का एग्ज़ाम पास करने के जुगाड़ में सॉल्वर ढूँढ़ने में व्यस्त था।

एच.पी., मन्नन सर और शिवकांत—तीनों के फॉर्म एक साथ भरे गए और संयोग से रोल नंबर भी आगे-पीछे ही था। एग्ज़ाम का सेंटर चौक के पास के एक इंटरमीडिएट स्कूल में था। परीक्षा के दिन सुबह तीनों परीक्षार्थी अपने सेंटर पर समय से काफी पहले पहुँच गए। तीनों परीक्षा कक्ष में पहुंचे तो एच.पी. का माथा ठनका। तीनों की सीटें एक ही कमरे में तो थीं लेकिन अलग-अलग लाइनों में। एग्ज़ाम पास करने का पूरा प्लान यहीं फ़ेल...!

अब क्या किया जाए? एच.पी. और मन्नन बॉस ने आव देखा न ताव, सब कुर्सी मेज़ इधर-उधर बिखेर दिए। फिर तीनों दोस्तों ने मिलकर पूरी क्लास की सीटों को अपने ढंग से सजा दिया। तीनों ने अपनी सीट एक लाइन में लगा ली। शिवकांत बीच की सीट पर बैठा। परीक्षा शुरू होने से दस मिनट पहले गुरु जी हाथ में प्रश्न पत्र का बंडल लिए रूम में दाखिल हुए। एच.पी., मन्नन सर और शिवकांत, 'प्रणाम सर! नमस्ते सर!! सर नमस्कार!!!'

'नमस्ते-नमस्ते!' धोती-कुर्ता, माथे पर तिलक और रिटायरमेंट के करीब की उम्र को पहुँचते गुरु जी का जवाब मिला। गुरु जी चश्मे की नज़र से प्रश्न पत्र और आगे की सीट का मिलान करना शुरू किए। अनुभवी व्यक्ति थे तो वह समझ गए कि सीरियल नंबर में कुछ गड़बड़ है। सीट अरेंजमेंट, रोल नंबर से मैच नहीं कर रहा था। गुरु जी परेशान हो रहे थे, तब तक तीनों दोस्तों ने हल्ला मचाना शुरू किया, 'गुरु जी, कॉपी बाँटो!' और फिर सभी परीक्षार्थियों ने उनका साथ दिया। 'गुरु जी कॉपी बाँटो, समय हो गया!'

तब तक घंटी भी बज गई। उत्तेजना में कुछ लड़के गुरु जी की मेज़ तक पहुँच गए। गुरु जी क्या करते? उन्होंने पेपर बाँटना शुरू कर दिया।

पेपर बाँटने के बाद गुरु जी फॉर्म की फोटो, नाम आदि का कैंडिडेट के एडमिट कार्ड से मिलान कर रहे थे। झटपट-तुरंता वाले फोटो में चेहरों के आकार के अलावा राम, श्याम, बलराम, जुनैद, माइकल, सतवंत—सभी की तस्वीर एक जैसी लगती है। शिवकांत की फोटो चेहरे का एक्स-रे लग रही थी। लेकिन गुरु जी नाम मिलाकर आगे चले गए।

बहुवैकल्पिक प्रश्न पत्र था। शिवकांत को मन्नन सर ने अपनी कॉपी दे दी। शिवकांत ने तेज़ी-से आन्सर शीट भर दी। फिर एच.पी. की कॉपी शिवकांत के पास आई। शिवकांत ने तेज़ी-से आन्सर शीट के गोले भरने शुरू किए। घंटी बज चुकी थी और शिवकांत अभी भी गोले भर रहा था। गुरुजी ने जब कॉपी छीनी तब तक एच.पी. की कॉपी में पाँच-सात सवाल बचे रह गए थे।

परीक्षा कक्ष से चलते समय तीनों ने गुरु जी के पैर छुए। गुरु जी की परेशानी से हमदर्दी जताते हुए एच.पी. बोला, 'ऐसे कैसे सब सीट गड़बड़ हो गई गुरु जी? किसी ने आपके साथ बदमाशी की होगी या

प्रिंसिपलवा आपको फँसाना चाह रहा होगा।' गुरु जी खामोश रहे और कॉपी का बंडल बाँधते रहे।

दो महीने बाद आँख का ऑपरेशन कराके शिवकांत अपनी ट्रेनिंग पर चला गया। उसके जाने के एक माह बाद एग्ज़ाम का रिज़ल्ट आया। मन्नन सर ने अपना रोल नंबर लिस्ट में देखा। यकीन नहीं हुआ तो फिर से देखा और जब विश्वास हो गया कि उन्होंने परीक्षा पास कर ली है तो एच.पी. को गले लगा लिया। एच.पी. का नाम लिस्ट में नहीं था। एच.पी. को उम्मीद थी कि पिता जी के गायब हो जाने से जो मुसीबतों का पहाड़ टूटा है, वह कष्ट अब खत्म हो जाएगा। लेकिन समस्याएँ इतनी आसानी से कब जाती हैं?

एच.पी. रुआँसा था। अब चिंता बढ़ती जा रही थी। पढ़ाई कोई ऐसी हो नहीं रही थी कि नौकरी मिले और कोई जुगाड़ बैठ नहीं रहा था।

उसने मन्नन सर से कहा, 'मेरे साथ तो सर फिर केएलपीडी हो गया लेकिन मुझे ख़ुशी है कि आपकी गाड़ी अब पटरी पर आ जाएगी।' एच.पी. की आँखों से ग़म और ख़ुशी के आँसू एक साथ टपक गए। मन्नन सर ने सांत्वना दी और दोनों यूनिवर्सिटी रोड से हॉस्टल आ गए। वापिस आकर एच.पी. सो गया। शाम को सुरेश आया तो उसने एच.पी. को जगाया।

मन्नन सर ने एग्ज़ाम पास होने की ख़ुशी में रात को पार्टी दी। मेस में अलग से तीन किलो मटन बना। कमरे में चखना के साथ कैंटीन वाली ब्लैक लेबल विह्स्की खुली। सिगरेट के धुएँ से पूरा रूम भर गया।

एच.पी. को आज नशा चढ़ नहीं रहा था। वह बस सिगरेट फूँके जा रहा था। देर रात तक पीना-खाना चला। अगले दिन दोपहर में मन्नन सर को विंध्याचल होते हुए बनारस जाना था। एच.पी. उनको छोड़ने

रेलवे स्टेशन गया। ट्रेन आ गई। मन्नन सर ने एच.पी. को हिम्मत बँधाई, तीन सौ रुपए दिए और गले मिलकर ट्रेन में बैठ गए। एच.पी. जाती हुई ट्रेन को दूर तक निहारते रहा। पहली बार उसे लगा कि वह किसी मेले में खो गया है और उसकी जेब में वापस लौटने का पता भी नहीं है।

आप नहीं आए

उदासी के क्षणों में एच.पी. को परिवार की कमी अखरने लगती थी। पिता जी की याद, माँ-बहन की चिंता से मन व्यथित हो उठता। लेकिन चिंता से किस समस्या का समाधान होता है? व्यक्ति की परिस्थिति अनुकूल न हो तो मन भी भटकता है, नहीं तो अच्छे दिनों में कौन मन को और कौन परिस्थिति को देखता है?

एच.पी. इसी उधेड़-बुन में लगा था कि करे तो क्या करे। एक-दो दिन जब बैठकर पढ़ने की कोशिश करता तो कोई-न-कोई किसी काम के लिए बुला लेता। पैसे का जुगाड़, खाने का जुगाड़ करने में ज़िन्दगी का प्रीपेड उत्साह कम होता जा रहा था। जब मन खिन्न रहता तो खाना बनाने में भी आलस आता है।

एच.पी. किसी-न-किसी के साथ गुप्ता भोजनालय, शंकर भोजनालय, यादव शाकाहारी होटल, मोहन होटल, प्रभात रेस्टोरेंट जैसी जगहों में खाना खाकर उक्ता चुका था। एच.पी. कहता, 'साला इन होटलों में चाहे कितना भी चावल रोटी खा-ठूँस लो, कुछ देर के बाद भूख लग ही जाती है!'

छात्रों के बीच यह कहा जाता था कि ऐसे होटल वाले दाल में चावल का माड़ (स्टार्च) मिला देते हैं जिससे दाल गाढ़ी हो जाती है। यह होटल वाले सारे सब्ज़ी बाज़ार के अंतिम ग्राहक होते हैं। बची हुई

लौकी, तोरी-नेनुआ, पिलपिले टमाटर, कीड़े वाली गोभी को नमक-मिर्च-मसाला मिला कर स्टूडेंट्स के लिए तैयार कर देते हैं। जिन छात्रों के पास सुविधा होती, वे बीच-बीच में दीक्षित और शिबू के बन-मक्खन से, तो कभी बैरहना की चाट से; तो कभी कर्नलगंज में पहलवान की लस्सी से अपना मनफेर कर लेते।

एच.पी. के परिचित कुछ परिवार थे जहाँ वह संडे की शाम को अपनी साइकिल उठाकर टीवी पर न्यूज़ सुनने चला जाता था। दूरदर्शन पर रात 8 बजे पहले हिंदी और फिर अँग्रेज़ी का समाचार आता था। किसी परिवार वाले के घर शाम की न्यूज़ सुनने का अच्छा बहाना होता था। जाते ही चाय-नाश्ता मिल जाता। ऐसे घरों में छोटे बच्चे आठ बजे तक खाना न खाते तो सोने लगते। रात 9 बजे न्यूज़ ख़त्म होती तो एच.पी. धीरे-से कहता, 'ठीक है अंकल जी, हम चलते हैं।'

घर के मुखिया तो जानते ही थे कि यह भोजन के लिए मना नहीं करेगा। इसलिए जब भी वह कहते, 'खाना बन गया है, खा लीजिए।'

एच.पी. सिर झुकाकर उनका आग्रह स्वीकार कर लेता। वैसे कभी-कभी एच.पी. की मेहनत बेकार चली जाती, जब साइकिल चलाकर आता और दरवाज़े पर ताला लगा मिलता।

एच.पी. को कड़की के दिनों में घर का बना करी-चावल, मटर-गोभी वाली सब्ज़ी, आम-कटहल का अचार और घर का देसी घी बहुत याद आता। लेकिन धैर्य के अलावा कोई विकल्प तो था नहीं। अभाव में ही नए विकल्प बनते हैं।

समर की पोस्टिंग चेन्नई हो गई थी। वह दोस्तों से मिलने इलाहाबाद आया। जब एच.पी. के साथ यूनिवर्सिटी रोड चाय पीने गया तो धीरे-से पूछा, 'अबे ख़र्चा कैसे मैनेज करते हो?'

एच.पी. हँसने लगा। फिर बोला, 'समाज के सहयोग से!'

उसने बताया कि हॉस्टल की फीस एक ही बार भर देता है। अब सीनियर हो गया है तो लल्ला चुंगी, यूनिवर्सिटी रोड, लक्ष्मी चौराहा पर चाय का पैसा कोई-न-कोई दोस्त दे देता है। दिन में भात-दाल-चोखा (बीडीसी) से काम चल जाता है और शाम को साइकिल उठाके मम्फोर्डगंज, अल्लापुर, तेलियरगंज, जॉर्ज टाउन कहीं किसी दोस्त के कमरे पर या किसी परिवार से मिलने चला जाता है।

एच.पी. ने हँसते हुए कहा, 'अबे भोजन का कोई टेंशन नहीं है। कितने लोग शिकायत करते हैं कि एच.पी. भाई आप हमारे यहाँ महीनों हो गए, नहीं आए।

समर ने कहा, 'ससुर तुम यही सब करबो कि निकलबो यहाँ से?'

'निकलब बे! लेकिन पहिले एक बात सुनो।' एच.पी. ने कहा, 'तुम तो जानते ही हो कि होली में इलाहाबाद शहर तीन-चार दिनों तक वीरान हो जाता है, तो मेरे मौसा के भाई इलाहाबाद के रेलवे कॉलोनी में सपरिवार रहते हैं। होली की शाम को उनके यहाँ, होली मिलन के लिए चला गया। मौसा के बच्चे छोटे हैं। पहले उनके घर होली पर गुझिया, दही बड़े, गुलाब जामुन, खस्ता मठरी खाई। फिर जब खाना खाने की बारी आई तो उन्होंने हमें कहा कि पहले तुम खा लो, तुमको हॉस्टल जाना है। पूरी, पूआ, आलू, हरा सोया धनिया वाली कचौरी, चटकदार आलू-गोभी की सब्ज़ी, मटर पनीर, रायता—थाली में सजकर आ गया। स्वादिष्ट भोजन देखकर मेरी जीभ लपलपाने लगी। गरमा-गरम पूरी-कचौरी, गप-गप उड़ाने लगा।

बाद में मौसा जी ने कहा, "ले लो, दो ही पूरी और बची हैं अब।" मैं झेंप गया। फिर दो गिलास पानी पिया और जाने के लिए उठ खड़ा हुआ। जब अपनी साइकिल पर बैठ रहा था तो मौसा ने पूछा, "आजकल सुबह-शाम दौड़ते हो क्या?" अंदर मौसी फिर से आटा

गूँथ रही थीं। मैं क्या बोलता? अपनी साइकिल पर बैठ गया। उस होली के बाद कभी फिर मैं उस मौसा के घर खाना खाने नहीं गया।'

बस पोस्टर छपवाना है।

इन दिनों एच.पी. गुम-सुम रहने लगा था। कोई पूछता कैसे हो तो उसका जवाब होता, 'ज़िन्दगी झंट है!'

सुरेश ने एक सुझाव दिया कि चलो दिल्ली घूमकर आते हैं। इस पर एच.पी. बोला, 'साले, गां* फटे और मल्हार गावे! यहाँ चड्डी का तो जुगाड़ नहीं, दिल्ली चलो!'

सुरेश ने बताया कि शंकरगढ़ के एक सब्ज़ी के थोक विक्रेता के बेटे की बारात दिल्ली जानी है। वह चाहता है कि कुछ पढ़े-लिखे लोग भी बारात में चलें तो वह आने-जाने का टिकट देगा। वहाँ बारात के बाद हम लोग फ्री हैं, तो थोड़ा घूमकर आएँगे।

दोनों बारात के साथ प्रयागराज एक्सप्रेस में बैठ गए, दिल्ली के लिए। बाराती करोलबाग़ में एक शादी-घर में रुके। सामने के होटल से ही शादी होनी थी। एच.पी. और सुरेश ने दिन में वहीं खाया और आराम किया। शाम को बारात से पहले व्हिस्की पीकर दोनों खूब नाचे। सुबह लड़के के पिता से मिलकर अपनी विदाई ली और वहीं से चलने वाली डीटीसी की बस में बैठ गए। ड्राइवर-कंडक्टर बस में नहीं थे। जब बस में तीस-चालिस सवारियाँ हो गईं तो ड्राइवर-कंडक्टर नीचे खड़े होकर बीड़ी सुलगाने लगे। एक सवारी ने कहा, 'भैया! कितनी देर

में चलोगे?'

कंडक्टर ने कड़क आवाज़ में बोला, 'कचहरी जाएगा के तू? जल्दी है तो टैक्सी ले ले।'

अक्खड़ जवाब सुनकर दूसरी सवारियाँ खिड़की के दूसरी तरफ देखने लगीं। आधे घंटे बाद बस चली और दोनों किंग्सवे कैंप उतरे। फिर ऑटो रिक्शा लेकर मुखर्जी नगर में धर्मेंद्र के कमरे पर पहुँच गए। धर्मेंद्र का ट्रेज़री ऑफ़िसर के लिए सिलेक्शन हो गया था और सिविल सर्विसेज़ की मुख्य परीक्षा देने के लिए राजधानी आ गया था। एच.पी. आ गया तो चाय पिलाने के बाद धर्मेंद्र दुकान से अंडा-ब्रेड ले आया। जब तक दोनों मेहमान नहाते, धर्मेंद्र ने छोटे सिलेंडर पर ऑमलेट-ब्रेड तैयार कर दिया। धर्मेंद्र को पढ़ना था तो एच.पी. और सुरेश, दोनों नाश्ता करके निकल लिए। दोनों पटेल चेस्ट तक पैदल आए और फिर कनॉट प्लेस के लिए 100 नंबर की बस में बैठ गए। कनॉट प्लेस के बी, डी और जी-ब्लॉक घूमकर पालिका बाज़ार का भी एक चक्कर लगा लिया। भूख लगी तो दोनों ने रीगल सिनेमा के पीछे चावल-छोले खाकर, मशीन का ठंडा पानी पी लिया।

तीन-चार दिनों तक दिल्ली में कमला नगर, हकीकत नगर, मुखर्जी नगर, यमुना विहार, नेहरू विहार, सरोजनी नगर, रोहिणी, राजिंदर नगर घूमने और दिल्ली में रह रहे दोस्तों-परिचितों से मिलने के बाद एच.पी. इस निष्कर्ष पर पहुँचा, 'अबे दिल्ली में तैयारी करने का कोई विशेष फायदा नहीं है। बस यहाँ प्रीलिम्स को पीटी और कनॉट प्लेस को सीपी बोलते हैं, बाकी कुछ ख़ास नहीं है, अपने लिए इलाहाबाद ही सही है।'

वापसी की ट्रेन पकड़ने से पहले दोनों चाँदनी चौक घूमने चले गए। बस में दिनभर घूमने वाला पच्चीस रुपए का पास दोनों ने ले लिया

था। चाँदनी चौक में देशी घी की जलेबी और पराँठा खाने के बाद लौटते में टाउन हॉल से सदर बाज़ार के बीच कहीं सुरेश की पॉकेट कट गई। एच.पी. के पास तो बस बीस रुपए थे और बस का पास! अब क्या होगा? चिंता गहराने लगी। दोनों का मुँह सूख गया। दोनों दोस्तों ने लाल किला के सामने से बस पकड़ी और नॉर्थ एवेन्यू आ गए। वहाँ यूनिवर्सिटी का एक परिचित, कौशलेंद्र एक सांसद का पीए था। कौशलेंद्र दोनों को चाय पिलाकर पिछले दरवाज़े से कहीं निकल गया। नौकर ने बता दिया कि देर में आएँगे। ऐसे में पैसे का जुगाड़ तो हुआ नहीं उल्टे थकान बढ़ती जा रही थी।

अब क्या करें? शाम के आठ बज चुके थे। मुखर्जी नगर वापस जाना था। नॉर्थ एवेन्यू से केन्द्रीय सचिवालय की तरफ बस पकड़ने के लिए दोनों पैदल जा रहे थे। अचानक एच.पी. को पूर्वांचल के एक भूतपूर्व सांसद का नेम-प्लेट दिखा। दोनों गेट के अंदर चले गए। एक आदमी सब्ज़ी का थैला लेकर पीछे-पीछे गेट के अंदर आया। उससे पता चला कि नेता जी घर में ही हैं।

'बता दो कि इलाहाबाद से कुछ लोग मिलने आए हैं।' एच.पी. ने कहा। सुरेश चुप्पी साधे हुए था।

बुज़ुर्ग हो चुके नेता जी ड्राइंग रूम में आए। दोनों ने उनके पैर छुए। नेता जी से पहले का कोई परिचय नहीं था। फिर भी उन्होंने आने का कारण पूछा। दोनों ने नेता जी को समझाया कि पूर्वांचल में आपसे बड़ा कोई नेता है नहीं। कमलापति, राजनारायण, बहुगुणा आदि तो रहे नहीं। अब जनता आपसे ही उम्मीद लगाए बैठी है। अबकी आप इलाहाबाद से चुनाव लड़िए। पूरा विश्वविद्यालय आपके साथ चुनाव में लगेगा। नेता जी की कमज़ोर पड़ रही आँखों में रौशनी बढ़ती जा रही थी। उनके भीतर के पी ग्राउंड में बड़ी जनसभा और सिविल लाइन्स में

माला पहने हुए खुली जीप में विजय जुलूस का दृश्य सहज प्रगट होने लगा। उन्होंने आवाज़ लगाई, 'अरे राजू! चाय-पानी ले आओ भइया जी लोगों के लिए।'

इन युवाओं ने नेता जी में जवानी के दिनों का-सा जोश भर दिया। नेता जी के घुटने में दिक्कत थी और शुगर बढ़ी हुई थी। फिर भी तय हुआ कि तीन हफ्ते बाद इलाहाबाद में एक युवा आक्रोश रैली होगी। नेता जी मुख्य अथिति होंगे। एक घंटे की प्लानिंग के बाद नेता जी के घर से चलते समय एच.पी. ने कहा, 'बाबू जी! अगर कुछ पैसे मिल जाते तो हम लोग शहर तक पहुँचते ही पोस्टर लगवा देते। मंच, टेंट, गाड़ी, भीड़ का इंतज़ाम तो हम लोग ख़ुद ही कर लेंगे, पूरी मीडिया रहेगी वहाँ; आपको कोई चिंता नहीं करनी है।' चलते समय एच.पी. ने संपर्क के लिए एक नंबर कागज़ पर लिखकर दे दिया था।

नेता जी ने रैली की तैयारी के लिए पाँच हज़ार रुपए दे दिए। दोनों चाय ख़त्म करके, पैसा जेब में लेकर बाहर आ गए। थोड़ी दूर पैदल चलकर दोनों ने एक ऑटो रिक्शा लिया और किंग्सवे कैम्प आ गए। वहीं एक ढाबे में दोनों ने जम कर तंदूरी चिकन, चिकन कोरमा और चावल खाया। फिर अंत में सिगरेट पीते हुए मुखर्जी नगर वापस आ गए।

अगले दिन धर्मेंद्र को साथ लेकर दोनों ने बत्रा सिनेमा हॉल में बारह से तीन बजे वाला *जो जीता वही सिकन्दर* का शो देखा। कमला नगर से एक-एक स्वेटर और जींस की ख़रीदारी हुई। दिन का खाना भी किंग्सवे कैम्प में अमृतसरी नान वाले के यहाँ हुआ। शाम को अपना सामान लेकर बस से दोनों नई दिल्ली रेलवे स्टेशन के अजमेरी गेट पर उतरे। प्लेटफॉर्म पर प्रयागराज एक्सप्रेस आई तो टीटीई से बात करके दोनों एस-आठ में बैठ गए। रात में टीटीई आए तो सौ रुपए लेकर चले

गए। सुबह एच.पी. की आँख खुली तो प्रयागराज एक्सप्रेस इलाहाबाद स्टेशन के प्लेटफॉर्म नंबर एक पर पहुँच रही थी। उसने सुरेश को जगाया। दोनों स्टेशन से सिविल लाइन्स की तरफ पैदल आए। उन्होंने चाय पी और एक रिक्शा लेकर हॉस्टल पहुँच गए। उसी दिन शाम तक एच.पी. ने सौ-दो सौ वाले कुछ उधार चुकता कर दिए।

रैली के लिए दिल्ली से नेता जी ने पहले चिट्ठी भेजी। लेकिन कोई जवाब नहीं मिला। आने से पहले फ़ोन भी ट्राई किया तो लगा नहीं। फिर नियत दिन वो अपने साज़ो-सामान के साथ प्रयागराज एक्सप्रेस में बैठ गए। सुबह ट्रेन 6:45 पर इलाहाबाद स्टेशन के प्लेटफॉर्म नंबर एक पर पहुँची। नेता जी खिड़की से बाहर देखते रहे। इधर देखा, उधर देखा। फिर नेता जी ने अपने मन को समझाया कि शायद वे दोनों लड़के रैली की तैयारी में व्यस्त होंगे। नेता जी ने स्टेशन पर उतरकर फिर से फ़ोन किया तो वह नंबर गर्ल्स हॉस्टल का निकला।

आदमी लालच में धोखा ही खाता है। नेता जी ने स्टेशन से एक टैक्सी ली और केपी कॉलेज के सभा स्थल पर आ गए। वहाँ पार्क में कुछ बच्चे खेल रहे थे। मैदान में दो घोड़े, कुछ बकरियाँ और गायें घास चर रही थीं। ज़हाँ थोड़ा कीचड़ था वहाँ कुछ भैंसे मड़िया रही थीं। किसी पोस्टर और रैली का कोई नामो-निशान नहीं था।

पैसा एसपी देगा!

एच.पी. के हॉस्टल के एक सीनियर अशोक राय सर, प्रमोशन पाकर पुलिस कप्तान (एसपी) बन गए थे। डीजीपी के स्टेनो तिवारी से जुगाड़ लगाकर लखनऊ में पोस्टिंग पा गए। उनके चार्ज लेने के साथ ही जब यह ख़बर इलाहाबाद और लखनऊ में फैली तो यूनिवर्सिटी एल्यूमनी से लेकर जूनियर-सीनियर बधाई देने आने लगे। फ़ोन पर भी यह चर्चा आम हो गई, 'अबे अशोक सर एसपी सिटी हो के लखनऊ आ गए हैं।'

'अच्छा वो, मुन्ना राय के भइया!'

'हाँ-हाँ वही, एन्सिएंट हिस्ट्री वाले।'

एच.पी., सुरेश और शम्भू लखनऊ एक बारात में गए। ये भाई लोग सुबह दस बजे ही पहुँच गए हज़रतगंज। वहीं एसपी ऑफ़िस में, भइया से मिलने। गेट पर खड़े संतरी को बोले, 'अंदर साहब को बता दो कि कुछ लोग इलाहाबाद से आए हैं मिलने।'

संतरी बोला, 'अभी साहब हैं नहीं ऑफ़िस में, इग्यारह बजे तक आते हैं।'

तीनों लड़के वहाँ से बाहर निकलकर, रोड के दूसरी तरफ़ पान की दुकान पर चले गए। दो ने गुटका खाया, एक ने सिगरेट सुलगा ली। अभी सिगरेट ख़त्म नहीं हुई थी कि तब तक उन्होंने देखा कि एसपी

सिटी की गाड़ी गेट में घुसी और पोर्टिको में जाकर रुक गई।

तीनों जल्दी-जल्दी ऑफ़िस की तरफ वापस आ गए। संतरी ने बोला, 'एक पर्ची पर नाम दे दो आप लोग, अंदर भिजवाता हूँ।'

"एच.पी., केयर ऑफ़ मुन्ना राय, इलाहाबाद" लिखी पर्ची संतरी को दे दी गई। तीनों बाहर वहीं बेंच पर बैठ गए। एक होमगार्ड पर्ची लेकर अंदर गया और बाहर आ गया। थोड़ी देर तक कुछ पता नहीं चला। ख़ैर, बीस मिनट बाद बुलावा आ गया। एच.पी. आगे-आगे चले। बड़ा कमरा, बड़ी मेज़, बड़ी कुर्सी पर सफ़ेद तौलिया, मेज़ पर राष्ट्रीय ध्वज—वर्दी में अशोक सर।

तीनों आगंतुक ज़बरदस्ती हींहींहीं करते हुए एसपी साहब का पैर छूने को आगे बढ़े।

'अरे-अरे बस ठीक है भाई, बैठो तुम लोग।' एसपी साहब बोले।

'सर! हम लोग मुन्ना के दोस्त हैं, ये मीडिया में हैं और हम दोनों लॉ कर रहे हैं। सर! हम सब बीए में इलाहाबाद में साथ ही थे मुन्ना के।'

'अच्छा-अच्छा!' एसपी साहब बोलते रहे लेकिन चेहरे से गंभीर ही रहे। फिर शम्भू की तरफ मुँह करके बोले, 'एक फ़ोन करके फिर तुम लोगों से बात करता हूँ।'

उन्होंने मेज़ पर रखी घंटी बजाई। फुर्ती के साथ होमगार्ड आया।

एसपी साहब बोले, 'इन लोगों को कुछ खिलवाओ। चाय-कॉफ़ी लाओ, हमारे यूनिवर्सिटी के जूनियर हैं।'

'जी सर!' कहता हुआ होमगार्ड वापस चला गया।

बात शुरू हुई तो इलाहाबाद यूनिवर्सिटी से जुड़ी बातें, यूनिवर्सिटी रोड पर बहादुर पानवाला, प्रमोद पुस्तक, ओपी चायवाला, मोहन-प्रभात होटल आदि की चर्चा हुई। इस बीच काजू बर्फी, भुने काजू

वाली नमकीन और चाय आ गई थी। एच.पी., सुरेश और शम्भू—तीनों ने सलीके से मिठाई खाई और चाय पी।

एच.पी. ने कहा, 'सर मिठाई बहुत अच्छी है! मैं एक और ले लेता हूँ।'

'हाँ-हाँ, लो यार! संकोच नहीं करो।' एसपी साहब बोले।

एसपी साहब ने देखा कि चाय ख़त्म होने वाली है तो बोले, 'अच्छा! मुझे एक मीटिंग में जाना है। कोई काम तो नहीं था मुझसे? मिलते रहना तुम लोग।'

'नहीं-नहीं सर, कोई काम नहीं था बस ऐसे ही हम लोग सोचे की आपका आशीर्वाद...' सुरेश ने सफाई दी।

एसपी साहब खड़े हुए तो सभी उनके पैर छूकर बाहर आ गए।

एसपी साहब गाड़ी में बैठ गए। नीली बत्ती वाली गाड़ी सायरन बजाती पोर्टिको से निकली और आँखों से ओझल हो गई।

बाहर निकलते हुए एच.पी. ने अपने दोनों साथियों को बोला, 'साले! ढंग से पढ़ लिए होते तो तुम लोग भी नीली बत्ती लगा के चलते; लेकिन अब तो बस दूसरे की किस्मत का जयकारा लगाओ।'

शाम को गोमती नगर में पत्रकारपुरम में शादी थी। तीनों उस जगह समय से पहुँच गए। पी-खाकर रात बारह बजे गेस्ट हाउस में आकर सो गए। एच.पी. ने लड़के वालों से कहकर गेस्ट हाउस एक दिन के लिए और बुक करा लिया था। दोपहर बाद शम्भू की नींद खुली तो उसने तीनों के लिए चाय और ब्रेड-ऑमलेट का ऑर्डर कर दिया। फिर चाय आने के बाद एच.पी. और सुरेश को जगाया। नाश्ता करके तीनों फिर सो गए। देर शाम फ्रेश होकर अच्छे से तैयार होकर तीनों विनय खंड की तरफ़ कुछ पीने-खाने को निकल पड़े। तीनों घुस गए एक रेस्टोरेंट में जिसमें बार भी था। सुरेश और शम्भू ने टीचर्स के सिक्सटी

एमएल और चिकन चिल्ली टिक्का के ऑर्डर से शुरुआत की। दो घंटे बाद जब अट्ठाईस सौ का बिल आया तो शम्भू ने कहा, 'मैनेजर से बोलो पैसा एसपी देगा!' बहुत देर तक बहस के बाद जब पैसा नहीं मिला, तब बार मैनेजर ने पुलिस बुला ली। फिर वही जवाब, 'पैसा एसपी देगा!'

रात 11 बजे एसपी साहब का पर्सनल फ़ोन बजा। गोमतीनगर के थानेदार बलराम यादव लाइन पर।

'जय हिन्द, सर! माफ़ करिएगा सर, आपको रात को फ़ोन किया। सर! गोमती नगर के एक रेस्टोरेंट में तीन लोग पीने-खाने के बाद पैसा नहीं दे रहे हैं और कह रहे हैं सर कि पैसा एसपी साहब देंगे। दारू भी पिए हुए हैं, सर।'

कुछ समय के लिए एसपी साहब चुप हो गए। फिर लम्बी साँस लेकर बोले, 'नाम पूछो? इलाहाबाद के तो नहीं हैं?'

'जी सर! कह रहे हैं कि एसपी साहब हमारे भइया हैं। एक आदमी अपना नाम सुरेश बता रहा है, एक शम्भू!' थानेदार बलराम यादव ने कहा।

एसपी साहब बोले, 'अच्छा ऐसा करो यार, रेस्टोरेंट वाले का बिल तुम चुकता करवा दो और सुनो, इन सबको मेरे पास ले आओ, मैं देखता हूँ! और हाँ देखो कि अखबार में कोई ख़बर न बने; ध्यान रखना!'

थानेदार बलराम यादव ने चौकी इन्चार्ज एसआई राजवीर को फ़ोन करके समझा दिया कि क्या करना है। कुछ देर बाद पुलिस की एक जिप्सी एचपी, सुरेश और शम्भू को लादकर, एसपी आवास पहुँच गई। तीनों गाड़ी से उतरकर वहीं खड़े थे। संतरी ने अंदर ख़बर कर दी। सफ़ेद कुर्ता-पाजामा पहने एसपी साहब बाहर आए। "जय हिन्द सर!" बोलकर एसआई राजवीर किनारे खड़े हो गए।

सामने एसपी साहब को देखकर एच.पी, सुरेश और शम्भू—तीनों मौन खड़े रहे। पहले तो एसपी साहब ने अपने गुस्से को काबू में किया। फिर बोले, 'अरे भाई! हमको पहले बोलते कि कुछ खाना-पीना है, तो किसी सिपाही को साथ भेज देता लेकिन तुम लोग तो मेरी ही पैंट उतरवा दोगे!'

थोड़ी देर तक कुछ-कुछ मुँह में बोलते रहे एसपी साहब। फिर एसआई राजवीर को कुछ कहा और अंदर घर में चले गए।

रात के साढ़े बारह बज चुके थे। पुलिस के दो सिपाही—एच.पी., सुरेश और शम्भू—तीनों को जिप्सी में बैठाकर इनके गेस्ट हाउस में छोड़कर चले गए।

बुलेट

यूनिवर्सिटी में एच.पी. और सुरेश अब चर्चित नाम हो चले थे। छात्र नेताओं के साथ-साथ कटरा-मम्फोर्डगंज और चौक-खुल्दाबाद, नैनी के कुछ अपराधियों से भी मेल-मिलाप बढ़ रहा था। अविनाश, सूरज, गुड्डू भी इलाहाबाद पढ़ने आए थे लेकिन बाद में उनका रास्ता बदल गया। अविनाश हॉस्टल में एच.पी. और सुरेश के कमरे पर अक्सर आता था और अलग-अलग तरह के रिवॉल्वर-तमंचे ले आता था। उसके बारे में कुछ लोग बताते कि वह बालू तहबाजारी आदि के ठेकेदार, छन्नू पंडित के साथ काम करता है। ठेका मिलने की राह में जो बाधक बनता है, उनको अविनाश, सूरज, गुड्डू मिलकर पहले अर्दब देते हैं और नहीं माने तो ठिकाने लगा देते हैं।

अविनाश के पास एक बुलेट थी और वह गोल्डन चश्मा लगाकर चलता था। अविनाश जब हॉस्टल में आता तो वहाँ पाँच-दस दोस्तों के लिए मटन-चिकन की पार्टी करता देता। कभी-कभी हॉस्टल में एच.पी. और सुरेश के पास कोई रिवॉल्वर और तमंचा रखके चला जाता। गोल्ड फ्लैक सिगरेट का पैकेट हॉस्टल के दोस्तों को देकर चला जाता। अविनाश कभी-कभी जीप लेकर आता और हॉस्टल के चार-पाँच लड़कों को अपने साथ लेकर किसी पार्षद-विधायक-सांसद के यहाँ शादी-विवाह में चिकन-मटन खिला देता। ऐसे अपराधी हॉस्टल

में आकर रुकते तो एच.पी. और सुरेश का भौकाल बना रहता। एक बार हॉस्टल के दो लड़कों को सिविल सर्विसेज़ मेन्स का एग्ज़ाम देना था। उनको फ्री में एक कोचिंग का नोट्स चाहिए था लेकिन कहीं से जुगाड़ नहीं मिला। तब सुरेश के कहने पर अविनाश ने कोचिंग के मालिक सुदर्शन दीक्षित को कनपटी पर पिस्तौल लगाकर नोट्स तो लिए ही, हर महीने उससे पैसा भी लेने लगा।

अविनाश ने एच.पी. को वादा किया कि वह उसके लिए एसएससी एग्ज़ाम में सेटिंग करवा देगा। वह दिसंबर का आखिरी सप्ताह था। अविनाश बुलेट पर एच.पी. को अपने साथ यह कहते हुए ले गया कि अभी एक घंटे में दारागंज से होकर आते हैं। अविनाश दारागंज में प्रमोद निषाद से मिलने आया था। प्रमोद पर एक पूर्व विधायक की हत्या के प्रयास का मामला दर्ज था। प्रमोद ज़मानत पर जेल से बाहर आया था। दारागंज में निषाद लॉज से थोड़ा आगे एक पतली गली के बाहर बुलेट और एच.पी. को छोड़कर अविनाश अंदर प्रमोद से मिलने चला गया।

आधे घंटे बाद जब अविनाश वापस आया तो एच.पी. ने कहा कि बुलेट वह चलाएगा। अविनाश बुलेट पर पीछे बैठ गया। दारागंज से दोनों बक्शी बाँध वाले रास्ते से यूनिवर्सिटी रोड की तरफ लौट रहे थे। शाम के आठ बज रहे थे। अल्लापुर के आगे जब वह एलनगंज की तरफ बढ़े, तो वहाँ स्पीड ब्रेकर पर जैसे ही बुलेट की स्पीड धीरे हुई, एक बम आकर बुलेट पर गिरा। तेज़ धमाका हुआ। एच.पी. की आँख के सामने अँधेरा छा गया और बुलेट लड़खड़ाकर गिर गई। एच.पी. ने देखा कि अविनाश खून से लथपथ थोड़ा पीछे गिरा हुआ है।

एच.पी. अपना पैर बुलेट के नीचे से निकालकर हाँफता हुआ एक गली की तरफ भागा। तभी दूसरे बम का धमाका हुआ। एच.पी.

भागता हुआ प्रयाग स्टेशन के पीछे पहुँचा। अब उससे भागा नहीं जा रहा था। वह थोड़ा अँधेरे में एक पत्थर पर बैठ गया। पसीने में वह नहा चुका था। उसका गला सूखता जा रहा था। लगा कि उसकी पीठ कुछ अधिक गीली हो गई है। उसने हाथ लगाया तो पीठ से खून रिस रहा था। एच.पी. को एक रिक्शा आते दिखा... जीवन के सबसे कठिन वक्त में जब भी लगता है कि साँस तक अपना साथ छोड़ देगी, तब भी उम्मीद हमारा साथ नहीं छोड़ती है।

उधर अविनाश खून से लथपथ गिरा पड़ा था। उसकी साँस अभी चल रही थी। लेकिन ज़मीन खून से लाल हो चुकी थी। आसपास के दुकानदार लाइट-दुकान बंद करके भाग चुके थे। जब आधे घंटे बाद पुलिस की जीप आई, तब तक अविनाश लाश में बदल चुका था।

रिक्शे से एच.पी. चंद्रा हॉस्टल में एक कमरे में पहुँचा। वहाँ कुछ दोस्तों ने गमछे से खून साफ़ करके एक गद्दा फाड़कर एच.पी. की पीठ पर रुई की मोटी परत लगाई। उसे दूसरा कुर्ता पहनाकर दो लड़के बाइक से मेडिकल कॉलेज के पीजी हॉस्टल ले गए। एक लड़का एलनगंज भेजा गया कि देखकर आए कि वहाँ क्या हो रहा है।

पुलिस अविनाश की लाश को मेडिकल कॉलेज और बुलेट को थाने ले गई। डॉक्टरों ने पुलिस को मृतक वाला सर्टिफिकेट बनाकर दिया और रातभर के लिए लाश को मोर्चरी में रखवा दिया। बुलेट हमीरपुर के किसी शम्भू पटेरिया नाम के व्यक्ति के नाम पर थी और चोरी हुई थी।

हॉस्टल से एच.पी. के निकलने के दस मिनट बाद ही पुलिस की एक गाड़ी एच.पी. को ढूँढ़ते हुए आई। पुलिस ने वहाँ दो-तीन लोगों से कुछ पूछताछ की लेकिन किसी को भी अविनाश या एच.पी. के बारे में पता नहीं था।

अगले दिन अविनाश के पिता जी इलाहाबाद पहुँचे। वह प्राइमरी स्कूल के मास्टर थे। चार बच्चों में सबसे बड़े अविनाश को विश्वविद्यालय में पढ़ा-लिखाकर अफ़सर बनाना चाहते थे लेकिन आज अपने बेटे की लाश लेकर जब वह गाँव लौटेंगे तो लोगों को क्या कहेंगे?

ठेकेदार छन्नू पंडित ने अविनाश की लाश ले जाने के लिए मेडिकल कॉलेज में एक एम्बुलेंस भिजवा दी। अविनाश के गाँव के आसपास के तीन लड़के, उसके पिता जी के साथ एम्बुलेंस में बैठ गए। गाड़ी लाश लेकर बनारस के रास्ते गाज़ीपुर के लिए चल दी। पुलिस एच.पी. को खोजते हुए एक बार और उसके हॉस्टल आई लेकिन वह नहीं मिला। कमरे में ताला बंद था।

एच.पी. और साथ में सुरेश अलग-अलग जगह छुपते रहे और एक महीने तक हॉस्टल नहीं लौटे। फिर एच.पी. ने छात्रसंघ के महामंत्री रहे संजय नेता से पुलिस थाने में पता कराया तो वहाँ एच.पी. के नाम कोई केस दर्ज नहीं था। फिर सुरेश और एच.पी. कभी-कभी हॉस्टल आते लेकिन पुलिस और हमलावरों के डर से रात को रुकते नहीं थे। अविनाश की हत्या और अपनी जान बच जाने का चमत्कार एच.पी. के दिमाग से उतर नहीं रहा था।

दो महीने बाद एच.पी. और सुरेश, नैनी गए। वहाँ वह अविनाश के जरायम पेशा दोस्त सूरज और गुड्डू से मिले ताकि जान सकें कि अविनाश की हत्या किसने और क्यों की?

सूरज ने कहा, 'हमने पता कर लिया है, केका काम है ई। तुम लोग चिंता न करो। अभी दोनों हमलावर मादर** कानपुर में हैं। हमार आदमी उनके बगल बैठा है, बहुत जल्दी उनका रेल देब।'

कुछ दिन बाद सूरज और गुड्डू ने एच.पी. और सुरेश के लिए सन्देश भेजा कि वह धूमनगंज में हनुमान मंदिर के साथ बॉम्बे टेलर के बग़ल

वाली चाय की दुकान पर आ जाएँ। एच.पी. और सुरेश एक स्कूटर से वहाँ पहुँचे। गुड्डू ने एक फोटो दिखाई, 'यही दोनों मादर** रहे जो बम मारे रहे अविनाश भाई को! परसों हमने रेल दिया!!'

सूरज ने बताया कि दोनों हमलावर रात में एक बस से कानपुर से इलाहाबाद लौट रहे थे। ड्राइवर से सेटिंग करके हमने बस को मंझनपुर के पास अँधेरे में रोक लिया। हम चार लोग थे। दोनों हमलावरों को कनपटी पर पिस्तौल लगाकर बस से उतार लिया। फिर बेहोशी की दवा सुँघाकर दोनों को जीप में बैठा लिया। रात के अँधेरे में जीप ठाकुरभट्टे की तरफ गई। वहीं हमने दोनों को गोली मारी और भट्टे के जलते कोयले में फूँक दिया।

यह घटना सुनने के बाद जब सुरेश और एच.पी. लौटे तो उन्हें रातभर नींद नहीं आई। वह इलाहाबाद आए तो पढ़ने के लिए थे लेकिन अब अविनाश की हत्या के बाद, उन्हें खुद नहीं पता कि वे किधर जा रहे हैं। सूरज और गुड्डू उनके नए साथी बन गए थे। आपके दोस्त, आपके जीवन के उद्देश्य के सूचकांक होते हैं। उद्देश्य बदला तो दोस्त बदल जाएँगे।

एच.पी. ने तय किया कि वह हॉस्टल छोड़ देगा और झूँसी या गोविंदपुरी में कहीं कमरा ले लेगा। इस तरह भूमिगत हो जाएगा तो सूरज और गुड्डू भी छूट जाएँगे। सुरेश के लिए हॉस्टल छोड़ना आसान नहीं था। उसका चक्कर मम्फोर्डगंज की एक लड़की अमिता से चल रहा था। अमिता भूरी आँखों वाली, मध्यम कद की एक सुन्दर लड़की थी। क्लास के कई लड़के उसके चक्कर में थे लेकिन सुरेश के साथ गारपीट होने के डर से दूसरे लड़के अमिता से दूर ही रहे।

एक बार सुरेश अपनी प्रेमिका अमिता से मिलने फ़व्वारे वाले चौराहे के पास पहुँचा। वह अमिता से चलते हुए बात करने लगा। सुरेश के साथ गया, पंकज थोड़ी दूरी पर पान की दुकान पर खड़ा था। थोड़ी देर में वहाँ अमिता के भाई और दूसरे दो लड़कों ने सुरेश को घेर लिया। भाई के डर से अमिता आगे चली गई। थोड़ी देर बहस के बाद अमिता के भाई ने सुरेश को एक झापड़ मारा। सुरेश ने तुरंत तमंचा निकाल लिया और तमंचा हवा में लहराते हुए वहाँ से निकल भागा। पंकज जब वापस हॉस्टल आया तो सुरेश ने कहा, 'अबे किसी को कहना मत कि मैं आज घिर गया था और वहाँ से भागा हूँ।'

सुरेश की दोस्ती सूरज और गुड्डू के साथ तो थी ही, मम्फोर्डगंज के कुछ बमबाजों से भी हो गई थी। सुरेश ने अमिता से यूनिवर्सिटी में मिलना जारी रखा। अमिता की माँ नहीं थी। पिता जी स्वास्थ्य विभाग में बाबू रहे थे। एच.पी. के हॉस्टल छोड़ देने के बाद सुरेश अमिता से शादी करके इलाहाबाद से निकल जाना चाहता था। लेकिन अमिता ने शर्त रख दी कि अगर सुरेश नौकरी पा जाए तो वह घर से भागकर शादी कर लेगी।

कई बार जो बात माँ-बाप पूरी ज़िन्दगी नहीं समझा पाते, प्रेमिकाएँ दो मिनट में समझा देती हैं। अब सुरेश क्या करे? कुछ ही दिनों के बाद, यूजीसी-नेट का एग्ज़ाम होना था। सुरेश का एक दोस्त शशिकांत, जूनियर रिसर्च फ़ेलोशिप (जेआरएफ़) पास कर गया था। उसको आठ हज़ार रुपए महीने मिलते थे, रिसर्च के लिए। वैसे सुरेश का पीएच-डी करने का तो कोई इरादा था नहीं। उसने एमए के बाद लॉ में एडमिशन ले रखा था। लेकिन उसे जूनियर रिसर्च फ़ेलोशिप वाला रास्ता ठीक लगा। सुरेश ने शशिकांत को तैयार किया कि वे दोनों एक साथ फॉर्म भरेंगे और शशिकांत उसकी कॉपी लिख देगा।

दिसंबर में एग्ज़ाम की डेट आ चुकी थी और सेंटर एडी कॉलेज में पड़ा था। शशिकांत और सुरेश के रोल नंबर के बीच में दो सीट का फासला था। बीच में बैठे दोनों लड़कों से सुरेश ने पहले ही बात कर ली थी कि वह उसकी कॉपी शशिकांत की कॉपी से बदल देंगे। कॉपी में रोल नंबर भरने के बाद सुरेश पेन माँगने के बहाने उठा और अपनी कॉपी शशिकांत की टेबल पर रखकर, उसकी कॉपी उठा लाया।

इंविजिलेटर ने पूछा, 'क्या कर रहे हो?'

सुरेश का जवाब आया, 'सर! पेन्सिल ले रहा था।'

सुरेश ने शशिकांत की कॉपी ली और कुछ लिखने का नाटक करता रहा। पहला सत्र संपन्न हुआ। लंच के बाद एग्ज़ाम के दूसरे सत्र में भी पीछे बैठे लड़कों ने मदद की और सुरेश की कॉपी बदल गई। इस तरह परीक्षा संपन्न हुई। पाँच-छः महीनों बाद यूजीसी का रिज़ल्ट आया तो सुरेश जेआरएफ़ परीक्षा पास कर चुका था। अमिता और सुरेश का प्रेम और परवान चढ़ने लगा। अमिता कई बार सर्दी की अँधेरी शाम में हॉस्टल आ जाती। पीएच-डी में नामांकन होने के बाद फ़ेलोशिप के आठ हज़ार रुपए मिलने लगे। सुरेश हर महीने दो-तीन सौ रुपए अपने पीएच-डी के सुपर वाइज़र के घर मिठाई-घी-गुड़ ले जाने में ख़र्च करता। हालाँकि गुरु जी उसे ये सब करने को मना करते लेकिन वह विनम्रता में बस हँसता रहता।

पैसे आने लगे तो सुरेश अमिता के लिए रेडियो, पेन, जैकट आदि कुछ-न-कुछ गिफ्ट खरीदता रहता। अमिता और सुरेश के लिए एक-दूसरे के बिना दिन-रात काटना मुश्किल हो रहा था। सुरेश ने हिसाब लगाया कि जेआरएफ के पैसे से तीन-चार साल में वह कुछ ढंग का काम कर सकता है। दीपाली में जब सुरेश अपने गाँव गया तो वहाँ के ग्रामीण बैंक से एक ट्रैक्टर का लोन पास करा लिया। सुरेश ने अमिता

को बताया, 'बाबू जी बीमार हैं! भइया सेना में हवलदार हैं तो वह रोज़ गाँव आ नहीं सकते तो मुझे जाना होगा।' तीन-चार दिन के बाद सुरेश रात में एक बैग लेकर हॉस्टल से निकल गया। एक रिक्शे से वह आनंद भवन तक आया। वहाँ पहले से ही अमिता, सुरेश का इंतज़ार कर रही थी। दोनों वहाँ से रामबाग रेलवे स्टेशन चले गए। इलाहाबाद पैसेंजर रेलगाड़ी प्लेटफॉर्म नंबर दो पर खड़ी थी।

सुरेश को आशंका थी कि अमिता के घरवाले गुमशुदा लड़की की तलाश में पुलिस लेकर हॉस्टल आ सकते हैं। इसलिए हॉस्टल का कमरा वह पहले ही एक जूनियर के नाम एलॉट करा चुका था।

मुर्दाघाट

एच.पी. का नया ठिकाना रसूलाबाद मुर्दाघाट के पास ही था। कटरा से लेकर मम्फोर्डगंज तक स्टूडेंट्स के रूम वैसे भी बहुत महँगे हो गए थे। वहाँ इलाहाबाद विकास प्राधिकरण ने कुछ छोटे-छोटे ईडबल्यूएस कोटे के फ्लैट बनाए थे। लेकिन मुर्दाघाट से उठने वाली गंध और रात के सन्नाटे के डर से फ्लैट में कोई रहने वाला नहीं था। खाली पड़े कई घर, खँडहर होने की तरफ बढ़ चले थे। एच.पी. को यह जगह ठीक लगी क्योंकि वहाँ पाँच-दस लोग भी आ जाएँ तो कोई रोकने-टोकने वाला नहीं था। कई लॉज में मकान-मालिकों ने बल्ब जलने के समय से लेकर टॉयलेट जाने तक का नियम बना रखा था। कुछ मकान-मालिक किसी गेस्ट को रुकने नहीं देते थे। यहाँ कोई मकान-मालिक तो था नहीं इसलिए शोर-शराबा, मांसाहार, म्यूज़िक और लड़की के आने की कोई मनाही नहीं थी।

यहाँ आरामारा रहने वाले स्टूडेंट्स रसूलाबाद मुर्दाघाट की तरफ शाम को घूमने जाते थे। वहाँ मुर्दाघाट पर एक डंडा लेकर चाची बैठती थीं, जिसकी मर्ज़ी के बिना वहाँ पत्ता भी नहीं हिलता था। मुर्दों को देखकर वह समझ जाती थीं कि उसके घरवाले फूँकने-तापने का कितना पैसा दे देंगे। घाट पर कोई भी आदमी तिगिड़-बिगिड़ करे तो चाची सीधे “अबे मादर**” पर आ जातीं और अधिक हल्ला होता तो

उनके दो-चार आदमी नाव छोड़कर मुर्दहिया बाँस लेकर दौड़ पड़ते, “का हुआ चाची?”

चाची को बस एक ही चीज़ की तकलीफ थी—मोटापा। वह साधारण रिक्शे पर नहीं अट पातीं इसलिए वह ठेले वाले रिक्शे से घाट पर आतीं, पान खाती रहतीं और जलने वाले मुर्दों का मौखिक हिसाब रखतीं। शाम को सबका हिसाब करके कुछ पैसा अपने लुग्गा में गठिया फिर ठेले पर बैठकर जातीं।

एच.पी. के बग़ल वाले कमरे में पिंटू और जीतू रहते थे। दोनों आठ-दस साल जूनियर थे और इंजीनियरिंग कॉलेज में एडमिशन के लिए तैयारी कर रहे थे। एच.पी. का नाश्ता-खाना उनके साथ ही बनने लगा। भीड़भाड़ से दूर, इस कमरे पर एच.पी. का मन तो लगता नहीं था तो वह घंटों रसूलाबाद घाट पर बैठकर गंगा जी को देखते रहता। वहीं से फाफामऊ का पुल और प्रतापगढ़-लखनऊ जाती गाड़ियाँ दिखतीं। एक दिन जब एच.पी. घाट पर जाकर बैठा, तभी थोड़ी दूरी पर चाची एक आदमी की माँ-बहन करने लगीं। एच.पी. समझ गया कि चचिया कुछ असाधारण मानुष हैं।

आते-जाते एच.पी. ने चाची को नमस्कार करना शुरू किया। फिर एक रोज़ पिंटू और जीतू को लेकर एच.पी. घाट पर घूमने गया और चाची को नमस्ते करके हालचाल पूछने लगा। अब एच.पी. को ख़र्च की चिंता सता रही थी। सुरेश भी गाँव लौट चुका था। एच.पी. के पास लॉ की पढ़ाई पूरी करके हाईकोर्ट जाने का विकल्प था लेकिन अभी उसमें दो साल की देरी थी।

तब तक क्या किया जाए? अर्ध कुम्भ मेला लगने वाला था। यूनिवर्सिटी के एक सीनियर पलटधारी सर पर्यटन विभाग में डायरेक्टर हो गए थे। किसी ने एच.पी. को कहा कि कुम्भ मेला में दो महीने के

लिए गाइड बन जाओ। पल्टू सर से बात कर लो। एच.पी. का गाइड बनने का कोई मन नहीं था लेकिन मजबूरी में आदमी क्या नहीं करता?

एच.पी. पल्टू सर से मिल लिया था। उन्होंने बोला था कि ठीक है फॉर्म भर दो, देख लूँगा। लेकिन अभी प्रक्रिया पूरी होने में पंद्रह-बीस दिन का समय था। इधर पिंटू और जीतू के पास भी बीस तारीख आते-आते, रोटी के साथ गुड़ और प्याज़ खाने की स्थिति आ जाती। विपरीत परिस्थिति में साहस ही काम आता है। एच.पी. शाम को पिंटू और जीतू को घाट की तरफ लेकर गया। वहाँ एक मुर्दा जल रहा था। चाची उधर ही थोड़ी दूरी पर बैठी थीं। तीनों चाची के पास पहुँचकर नमस्ते करके बैठ गए। तय यह हुआ था कि चाची के सामने आपस में कोई बात नहीं करेगा। तीनों ऐसे मुँह लटका के बैठ गए, जैसे आज इनका ही कोई ख़ास मर गया हो। चाची को लगा कि ई सब आज कुछ परेशान लग रहे हैं। चाची ने पूछा, 'का हुआ तुम लोग का? ठीक हैं न सब।'

एच.पी. ने चाची को बताया, 'हमार बाबू जी गायब हो गए हैं! अब तक पता नहीं चला है। चार साल हो गए। इन दोनों छोटे भाइयों का ज़िम्मा भी मेरे ही ऊपर है। ये इंजीनियर बनना चाहते हैं, तैयारी करा रहे हैं। घर से अम्मा कुछ पैसा भेजीं थीं लेकिन ख़त्म हो गए। राशन भी नहीं है। अभी दस दिन ख़र्चा चलाना है। इनका इम्तिहान भी आने वाला है। यहाँ परदेश में कौन दुःख-दर्द पूछता है?'

चाची भावुक हो गईं। एक लम्बी साँस लेकर बोलीं, 'बिटवा, चिंता न करो, सब ठीक हो जाइगा। हम तो लड़की रहे और जात के डोम... हमका कउन स्कूल भेजत ऊ जमाने में? खैर छोड़ो ऊ सब, तुम लोग मन से पढ़ो।'

दो सौ रुपए लुग्गा के किनारी से निकालकर चाची ने एच.पी. के हाथ में रख दिए।

एच.पी. ने कहा, 'चाची हम लौटा देब!'

चाची बोलीं, 'अरे लौटायो नाहीं! बस रखो और सुनो, रोज न आओ इधर। जिस दिन कोई उमर वाला मुर्दा आए, बाजा-वाजा सुनाई दे, तुम आ जाना।'

चलते समय तीनों ने चाची के पैर छुए। चाची बोली, 'खुश रहो, बिटवा! जाओ तुम लोग मन से पढ़ना, माँ-बाप का नाम बढ़ाना, हमका खुशी मिली।'

कई बार हम भूल जाते हैं कि मुर्दों से भी कितनों का जीवन चलता है और यहाँ जातियों का अलग समीकरण है। दो सौ रुपए मिले तो एच.पी. ने पिंटू और जीतू को सौ रुपए ख़र्चे के लिए दे दिए। सौ रुपए में तेलियरगंज से चावल, मसाला, अंडा, टमाटर आया और अंडा करी-चावल बना। पाँच दिन चाची के सहयोग से कटे।

उस दिन दोपहर का समय था। एच.पी. गोविंदपुरी गया था। वहाँ से लौटकर लेटा ही था कि रसूलाबाद घाट से बाजा बजने की आवाज़ आई। एच.पी. ने पिंटू और जीतू को देखा तो वे पढ़ रहे थे। एच.पी. अकेले ही घाट की तरफ चल दिया। वहाँ एक लाश सज-धज के आई थी। बैंड-बाजा बज रहा था।

चाची को नमस्कार करके एच.पी. वहीं सामने खड़ा हो गया। चाची के मुँह में पान था। थूकते हुए बोलीं, 'कोई लोहा के व्यापारी हैं, इनके बाप रहे; पंचानबे बरिस उमर रही।'

एच.पी. ने चाची को बताया कि उनकी मदद से अब दोनों भाई के एग्ज़ाम की तैयारी ठीक चल रही है। वह भी नौकरी की तलाश में हैं और वकालत की पढ़ाई कर रहे हैं।

मुर्दा अब जल चुका था। चाची के दो आदमी बाँस से राख खोद रहे थे। सेठ और बाकी लोग अब घाट से लौटने की तैयारी में थे। बैंड

वालों का और गाड़ियों का हिसाब हो चुका था। चाची को सेठ पहले ही दक्षिणा दे चुके थे। जाते समय चाची से विदा लेने आए।

चाची ने सेठ को बोला, 'दो सौ इनका भी दे दो, रात को यही सब घाट अगोरत हैं और पढ़त भी हैं।'

सेठ ने कुर्ते से सौ-सौ के दो कड़क नोट निकालकर एच.पी. की तरफ बढ़ा दिए। गर्दन झुकाकर एच.पी. ने पैसे पकड़ लिए।

अब एच.पी. जब भी घाट की तरफ जाता, वह चाची के लिए पान बँधवा के ले जाता। वहाँ से लौटते हुए चाची उसे सौ-पचास दे देतीं और आगे बढ़ने का आशीर्वाद देतीं। एच.पी. ने तय कर लिया था कि लॉ पूरा होने तक वह रसूलाबाद में ही रहेगा।

कुम्भ मेला

पर्यटन विभाग में एच.पी. का एक छोटा इंटरव्यू हुआ और वह सरकार की तरफ से कुम्भ मेले में टूरिस्ट गाइड बन गया। चूँकि एच.पी. पल्टू सर का आदमी था और यूनिवर्सिटी का स्टूडेंट था तो उसकी ड्यूटी वीआईपी लोगों को स्नान कराने और मेला घुमाने की रहती। एच.पी. ने झूँसी के एक गेरुआ बाबा के आश्रम में अपने नाम पर दो महीने के लिए एक कमरे का अलग इंतज़ाम भी कर लिया था। मेले में वीआईपी आने लगे थे। बीच-बीच में एच.पी. किसी वीआईपी को गेरुआ बाबा के ज्योतिष ज्ञान और भविष्यवाणी सच होने के किस्से सुनाता। यदि अतिथि रुचि लेता तो वह बाबा से उसे मिलवा देता। इस तरह बाबा की लोकप्रियता भी बढ़ रही थी और एच.पी. का अपना प्रभाव।

माघ मेले में संगम जाना रोमांचकारी अनुभव होता है। कुम्भ अलग-अलग लोगों के लिए, अलग-अलग महत्त्व रखता है। कल्पवासी अपना सादगीपूर्ण जीवन जीते हुए पारिवारिक मोह-माया से मुक्ति का अभ्यास करते, तो साधु-संन्यासी अपने-अपने टेंट में शिष्यों के साथ सत्संग करते। कुछ के लिए यह व्यापार का अवसर होता। कुछ छात्रों के लिए संगम में नहाने के बाद नागा बाबाओं के साथ बैठकर चिलम पीने और किसी बाबा के टेंट में भोजन करने का अवसर होता।

एच.पी. के पास पर्यटन विभाग का आईडी कार्ड था तो कभी-कभी वह संगम किनारे खड़े होकर देर तक नहाने वालों को ही देखता।

कुम्भ मेले में एच.पी. की ड्यूटी लगने से खाना-पीना फ्री हो चुका था। पर कई लोगों का उधार भी तो लौटाना था। पहले जब एच.पी. से कोई तगादा करने आ जाता, तो किसी और से उधार माँगकर, किसी का आधा उधार चुका देता। इधर मेले में भारी भीड़ जमा हो रही थी। कुछ दोस्त भी एच.पी. के साथ मेला घूमने आ जाते थे। वह किसी-किसी को दिल्ली से आया पत्रकार बताकर बाबा से मिलवाता और भोजन करवाता। कभी किसी टेंट में एक-दो लोगों को रुकने का इंतज़ाम भी करवा देता।

मौनी अमावस्या के नहान से दो दिन पहले एच.पी. टहलते हुए दारागंज की तरफ गया। वहीं से लाल कपड़े के एक-एक मीटर के चार टुकड़े और हनुमान जी के कुछ पोस्टर्स खरीदकर ले आया। अगले दिन से कई लाख लोग संगम में डुबकी लगाने वाले थे। ठंड भी कड़ाके की थी और कुहरा भी। एच.पी. रात को बाबा के आश्रम से निकला। आश्रम के गेट के पास तार पर किसी का एक पीला रामनामी गमछा टँगा था। एच.पी. ने गमछा मुँह पर लपेटा और पिट्ठू बैग के साथ गेट से बाहर निकल गया। उसने दसनामी अखाड़े से थोड़ी ही दूरी पर मुख्य मार्ग के किनारे चार जगह हनुमान जी का पोस्टर लगाकर लाल कपड़ा बिछा दिया। वह सभी कपड़ों पर एक-एक पत्थर के साथ दस-दस रुपए रखकर अपनी ड्यूटी के लिए चला गया।

सुबह उसके ऑफ़िस में शुक्ल जी ने पूछा, 'आप नहा लिए?'

उसका जवाब मिला, 'हाँ! मैं तो दो बजे ही नहाकर आ गया।'

दिल्ली से कुछ मंत्रालय के अधिकारी आए थे, परिवार के साथ। उनको नहलवाने की ज़िम्मेदारी एच.पी. की थी। उनको स्नान कराके एच.पी. वापस आया। दिन के ग्यारह बज चुके थे। एच.पी. दसनामी अखाड़े की तरफ गया। उसके लाल कपड़ों पर काफी सिक्के और कुछ नोट गिर चुके थे। उसने दस-बीस रुपए छोड़कर, चारों जगह से पैसे अपने पिट्ठू बैग में भर लिए। आश्रम में आकर पैसे रख दिए और फिर खाना खाकर थोड़ा आराम किया। भोजन के बाद एच.पी. फिर अपनी ड्यूटी पर चला गया।

कुछ लोग अमेरिका से आए थे। एच.पी. ने उन लोगों को मेला घुमाया। रात को एच.पी. किसी के साथ बाइक से रसूलाबाद के कमरे पर आ गया। पैसा गिनने से पता चला कि कुल पाँच हज़ार तीन सौ बारह रुपए दान में मिले हैं। एच.पी. ने पिंटू और जीतू को तीन हज़ार रुपए दे दिए, जिससे कमरे का दो महीने का किराया और राशन की उधारी चुकाई जा सके। साथ ही एक गद्दा, चादर, तकिया, रजाई भी खरीद ली गई कि जाड़े में अगर कोई आ जाए तो कमरे पर रुक सके।

एच.पी. सुबह यूनिवर्सिटी रोड गया और ओपी की दुकान पर चाय के लिए रुका। हॉस्टल से दो लोगों को वहीं बुलाकर बन-मक्खन खिलाया और चाय पिलाई। उनके पाँच-पाँच सौ रुपए भी लौटा दिए। वहाँ से फिर आगे कुम्भ मेले के लिए निकल गया। एच.पी. की व्यस्तता मेले में बढ़ती जा रही थी। पिंटू और जीतू को एच.पी. ने यह नहीं बताया कि वह गाइड का काम कर रहा है। उसने उन्हें बताया था कि उसके गाँव से लोग आए हैं और उनकी देखभाल के लिए मेले में रुकना पड़ता है।

लंदन से कुम्भ मेला में एक महिला आई थी—नाम था उसका एमी पटेल। वह झूँसी में गेरुआ बाबा के आश्रम पर रुकी थी। वहीं उसका

परिचय एच.पी. से हुआ। एच.पी. ने उसे मेला, सभी प्रमुख अखाड़े, नागा साधु और झूँसी दिखाया। एमी ने कुम्भ मेले की, नागाओं की, संगम की बहुत-सी तस्वीर खींचीं। साथ घूमते हुए, एमी को यह जानकर बहुत दुःख हुआ कि एच.पी. के पिता गायब हो गए हैं और अभी तक पाँच साल में उनका कोई पता नहीं चला है।

एमी ने बताया कि सौ साल पहले उसका परिवार भारत से व्यापार करने अफ्रीकी देश युगांडा गया था। फिर वहाँ से उसके माता-पिता 1970 के बाद लंदन आ गए थे। उसकी माँ पूर्वी लंदन में एक कॉर्नर स्टोर (किराना दुकान) चलाती हैं और उसके पिता और एमी एक रेस्टोरेंट चलाते हैं। दूसरे दिन एच.पी. ने स्कूटर माँगकर एमी को आनंद भवन, यूनिवर्सिटी और कंपनी बाग़ घुमाया। एमी को कटरा में नेतराम की कचौरी और जगराम के यहाँ कालाजाम पसंद आया।

तीसरे दिन एमी ने एच.पी. को कहा कि वह आज शाम उसको डिनर पर ले जाना चाहती है। एच.पी. और एमी सिविल लाइन्स में कॉफ़ी हाउस के सामने एल् चिको रेस्टोरेंट में गए। वहाँ एमी और एच.पी. ने ड्रिंक्स के बाद खाना खाया। खाना खाकर ऑटो से वापस आश्रम को लौटते हुए एमी ने बताया कि उसकी शादी लंदन में ही एक बिज़नेसमैन से हुई थी लेकिन पति के आक्रामक व्यवहार के कारण दो साल में ही शादी टूट गई। मानसिक शांति के लिए और योग सीखने के उद्देश्य से वह भारत आई है। अगले दिन एमी का टिकट सुपरफास्ट एक्सप्रेस में इलाहाबाद से देहरादून का था। वहाँ से उसे टैक्सी से रुद्रप्रयाग के एक आश्रम में जाना था। एच.पी. उसे छोड़ने इलाहाबाद जंक्शन तक गया और वह एमी के लिए रास्ते से सैंडविच और समोसा पैक करा ले गया था।

स्टेशन पर एमी ने अपना लंदन का पता, फ़ोन नंबर और ईमेल दिया कि कोई ज़रूरत हो तो एच.पी. उससे संपर्क कर सकता है।

एच.पी. ने एमी को अपने गाँव का पता दे दिया। एमी ने एच.पी. को दो हज़ार रुपए टिप के तौर पर दिए। ट्रेन खुलने का समय हो रहा था। एच.पी. ने उसका सामान सेकंड एसी की सीट के नीचे रख दिया। एमी ने एच.पी. को गले लगाया और उसका आभार व्यक्त किया। एच.पी. ने एमी को कहा कि उसे अच्छा लगेगा यदि वह फिर इलाहाबाद आए। ट्रेन ने सीटी दी। एच.पी. एक बार और हाथ मिलाकर, “बाय” बोलकर नीचे आ गया। ट्रेन प्लेटफॉर्म से आगे निकल रही थी।

टिकट

मेले में दो महीने कैसे बीते, एच.पी. को पता ही नहीं चला। उसके बिछाए लाल कपड़ों से मेला ख़त्म होते-होते, उसके समस्त उधार चुकता हो चुके थे। वह वापस रसूलाबाद आ गया। एक महीने बाद लॉ के दूसरे साल का एग्ज़ाम होना था।

मधुसूदन एमएसी करने के बाद यूनिवर्सिटी में उपाध्यक्ष का चुनाव लड़कर हार चुका था। घरवालों ने पैसे भेजने बंद कर दिए थे, तो वह कुछ दिन एच.पी. के पास रहने के लिए आ गया। नौकरी का कुछ हुआ नहीं और राजनीति साथ नहीं दे रही थी। एसडीएम बने एक दोस्त ने पाँच हज़ार देकर मधुसूदन के लिए एमबीए डिग्री का जुगाड़ किया। डिग्री में एनरोलमेंट नंबर वगैरा सब था और कॉलेज रजिस्टर में एंट्री भी थी। दो नंबर का काम एकदम साफ़-सुथरे ढंग से हुआ था। एमबीए की डिग्री लेकर मधुसूदन एक निजी बैंक में नौकरी पा तो गए थे लेकिन उनका मन नहीं लग रहा था।

मधुसूदन के साथ बीएससी में पढ़े हुए एक साथी थे, एन.एन. चौधरी। वह समाज कल्याण विभाग में अधिकारी थे। उनका नाम नमो नारायण चौधरी था लेकिन विभाग में उनको ख्याति नगद नारायण चौधरी के रूप में मिली थी। फतेहपुर में पोस्टिंग थी लेकिन वह इलाहाबाद से आना-जाना करते थे। सात साल की नौकरी में अशोक

नगर में बड़ा घर, सिविल लाइन्स में एक दुकान और अच्छी कीमती गाड़ी हो गई थी। लेकिन चौधरी को फिर सुख रोग हो गया। अपने देश में जब किसी व्यक्ति की जेब में आराम वाला पैसा आ जाता है, तो उसे खर्च करने की बेचैनी होने लगती है। चौधरी को नौकरी में बहुत दिक्कत होने लगी और वह किसी बड़ी पार्टी के टिकट पर चुनाव लड़के विधायक बनने की सोचने लगे।

हाईकोर्ट में उनका कुछ विभागी मामला था तो वह इलाहाबाद ही रुके हुए थे। मधुसूदन उनको याज्ञिक होटल के सामने मिल गए। हालचाल जाना, फिर चौधरी मधुसूदन को किनारे ले गए। धीरे-से बोले, 'अमे, हमको विधान सभा में जाना है कइसे होई? कुछ जुगाड़ करो!'

इलाहाबाद में अस्सी प्रतिशत आदमी दुनिया के किसी काम के लिए "न" नहीं बोलता है। मधुसूदन ऐसी ही प्रजाति वाला व्यक्ति था। मधुसूदन थोड़ा गंभीर होते हुए बोले, 'देखो, जब मन में आ गया है, तो तुम ज़रूर विधानसभा जाबो। हमार एक आदमी है दिल्ली में, ऊ कई लोगों को टिकट दिलवाया है। हम बात करके बताऊब।'

मधुसूदन ने दिल्ली में गौरीशंकर से बात की। गौरीशंकर ने मधुसूदन को कहा, 'भाई साहब को ले के दिल्ली आओ। कांग्रेस-बीजेपी दोनों जगह कुछ लोगों से मिलवा देते हैं, काम हो जाएगा। नहीं तो सपा-बसपा देखा जाएगा!'

मधुसूदन ने एच.पी. को भी दिल्ली चलने के लिए यह कहकर तैयार कर लिया, 'चलो बे! दो दिन में आ जाना है। टिकट चौधरी जी करा देंगे, तुम वहाँ अपना पुलिस स्टेशन वाला काम भी कर लेना।'

चौधरी जी के साथ दोनों शुक्रवार को प्रयागराज एक्सप्रेस पकड़कर दिल्ली आ गए। रुकने के लिए गौरीशंकर ने पहाड़गंज में ऑक्सफ़ोर्ड

स्टार नाम का एक होटल बुक करा दिया था। तीनों वहीं पहुँच गए। होटल मैनेजर ने उनके लिए रूम में चाय भिजवा दी। मैनेजर पहले ही गेस्ट्स को कह चुका था कि वे लोग गौरीशंकर के मेहमान हैं तो उनके भी हैं।

दो घंटे बाद गौरीशंकर भी होटल पहुँच गया। गौरीशंकर सन् 1977 से दिल्ली में था। गौरीशंकर जब पन्द्रह साल का था तो जनता पार्टी के एक नेता उसे भदोही से दिल्ली लाए थे। पहले वह बीपी हॉउस में खाना बनाता था। बाद में लोगों को विधायक-सांसद बनाने लगा। सुल्तानपुर वाले मिश्रा जी जब मंत्री बने, तो उनकी कोठी पर काम करता था। मंत्री जी जब घर के अंदर पार्टी के पदाधिकारी बना रहे होते, गौरीशंकर बाहर कई लोगों को बोल चुका होता, 'हम बात कर लिए हैं, आपके लिए।'

गौरीशंकर की लोकप्रियता बढ़ रही थी तो गौरीशंकर को मंत्री जी की कोठी से हटा दिया गया; लेकिन वह नॉर्थ-साउथ एवेन्यू में ही कुछ-कुछ करता रहा और बाद में पूर्णकालिक राजनीतिक कार्यकर्ता बनकर दिल्ली के जंतर-मंतर की तरफ एक सर्वेंट क्वार्टर में रहने लगा। बाद के दिनों में गौरीशंकर ने त्रिलोकपुरी (दिल्ली) से लोक विचार मंच के टिकट पर सभासद का चुनाव लड़ा। उसे ढाई सौ वोट मिले थे। चुनाव में उसकी ज़मानत ज़ब्त तो हुई लेकिन गौरीशंकर इलाके का नेता बन गया।

पहाड़गंज के होटल का कमरा आठ सौ का था। गौरीशंकर का कोई-न-कोई गेस्ट होटल में आता रहता था। होटलवाले गौरीशंकर को ईमानदारी से कमीशन दे देते थे।

गौरीशंकर ने मधुसूदन को कहा, 'भाई साहब! कमरा थोड़ा छोटा है लेकिन दिल्ली में मेट्रो स्टेशन के पास टीवी और होटल के स्टाफ, जो

दौड़ कर चाय-पानी लाएँ, ऐसी जगह कहाँ मिलेगी? इसलिए मुझे यह जगह पसंद आती है।'

गौरीशंकर ने होटल के मैनेजर को बोलकर पुरानी दिल्ली के प्रसिद्ध सीताराम के यहाँ से तीन प्लेट छोले-भटूरे मँगवा लिए।

नाश्ते के बाद एच.पी. अपने पिता जी की खोज में कहीं चला गया।

मधुसूदन से बात करके गौरीशंकर ने दिनभर के लिए एक एम्बेस्डर मँगवा ली थी। नाश्ते के बाद तीनों लोग कॉन्स्टिट्यूशन क्लब आ गए। जहाँ एक पूर्व मंत्री की श्रद्धांजलि सभा चल रही थी। वहाँ लंच भी था। जब सभा ख़त्म हुई तो वहाँ गौरीशंकर ने चौधरी का परिचय, एक भूतपूर्व सांसद से कराया जो 1980 में एक बार चुनाव जीते थे। फिर बीस साल से भूतपूर्व ही रहे। उन्होंने चौधरी को आश्वासन दिया कि उनके टिकट के लिए वह बात करेंगे। यह और बात थी कि इन दिनों भूतपूर्व हो चुके सांसद जी के टिकट के लिए बात करने वाला कोई नहीं मिलता था।

गौरीशंकर ने वहाँ से बाहर निकलकर मधुसूदन और चौधरी से पूछा, 'सेन्ट्रल हॉल और कॉन्स्टिट्यूशन क्लब में क्या फर्क है, जानते हैं?'

चुप्पी तोड़ते हुए गौरीशंकर ने बताया, 'सुनिए! दिल्ली में वर्तमान सांसद सेन्ट्रल हॉल में बैठते हैं और भूतपूर्व लोग कॉन्स्टिट्यूशन क्लब में मिलते हैं।'

उनकी गाड़ी अब आईटीओ पार करके नोएडा जा रही थी। वहाँ गौरीशंकर ने एक पत्रकार, जी कल्पेश से मीटिंग फिक्स की थी। चौधरी को लगा कि कल्पेश कोई दक्षिण-भारत के पत्रकार हैं। दरअसल, यह राज़ कम लोग जानते थे कि पहले वह कल्पेश गुप्ता थे। एक छेड़खानी के मामले में केस होने के बाद उन्होंने अपना नाम जी कल्पेश रख लिया था।

गौरीशंकर ने बताया कि जिस पत्रकार से मिलने जा रहे हैं, उनके बहुत संपर्क हैं। उनको कुछ दे दिया जाए तो अपना काम आसान हो जाएगा, ऐसा गौरीशंकर ने समझाया। वहाँ एक रेस्टोरेंट में कल्पेश मिले।

कल्पेश ने बताया कि उनको पार्टी चुनाव लड़ाना चाहती थी लेकिन उन्होंने मना कर दिया, क्योंकि उनसे ग़लत काम नहीं हो पाता। कल्पेश लम्बी-लम्बी फेंकते रहे और उन्होंने अपने मोबाइल में कई बड़े नेताओं के नंबर भी दिखाए। चौधरी को लगा कि वाकई में यदि कल्पेश भाई साहब प्रयास करेंगे तो काम हो जाएगा। चौधरी के टिकट के लिए कल्पेश ने भी आश्वासन दिया कि वह प्रयास करेंगे। चलते समय गौरीशंकर ने चौधरी से दो हज़ार रुपए लेकर, चश्मे के कवर में रखकर कल्पेश को पकड़ा दिए।

अब शाम हो रही थी। नोएडा से गाड़ी वापस फ़िरोज़शाह रोड की तरफ आई। गौरीशंकर ने एक जगह गाड़ी रुकवाई। चौधरी से एक हज़ार रुपए लिए और एक कपड़े प्रेस करने वाले से कुछ बात की। उसको पैसा दिया और वापस आ गए। वास्तव में कई महीने से गौरीशंकर अपने कपड़े धोने-इस्त्री करने का पाँच सौ बकाया नहीं दे पा रहे थे, आज उनका यह काम भी हो गया। गाड़ी में बैठते ही गौरीशंकर ने बताया, 'इस धोबी की पहुँच राज्यसभा-लोकसभा के कई सदस्यों तक है। इसको भी हमने लगा दिया है आपके मिशन पर।'

अब गाड़ी प्रेस क्लब के सामने आ चुकी थी। शाम के सात बज चुके थे। गौरीशंकर ने बग़ल के चेम्सफोर्ड क्लब को दिखाते हुए बताया कि कुछ लोग इसे "चिलमफोर्ट क्लब" भी कहते हैं।

गौरीशंकर ने कई पत्रकारों को प्रेस क्लब में पीने-खाने के लिए बुला लिया था। दो स्पोर्ट्स कवर करते थे तो एक क्राइम रिपोर्टर, तो एक

अध्यात्म पर कॉलम लिखते थे। यहाँ पाँच लोगों से चौधरी का परिचय हुआ और सबने अपने-अपने स्तर से टिकट के लिए प्रयास करने का आश्वासन दिया। वेटर को गौरीशंकर ने बोल दिया था कि सबसे पूछकर ऑर्डर ले ले। किसी ने बियर पी, तो किसी ने टीचर्स का पैग माँगा, कोई रॉयल स्टैग पीकर भी ख़ुश था। मोमो, चिकन टिक्का और मूँगफली चखने में थी। तीन-तीन पैग के बाद यह तय हुआ कि एक-एक रोटी खा ली जाए। खाना ख़त्म होते ही आमंत्रित पत्रकार निकलने लगे। जब बिल की बारी आई तो गौरीशंकर ने वेटर को चौधरी की तरफ जाने का इशारा किया। अट्ठाईस सौ के लगभग बिल था। चौधरी को ही देने थे तो उन्होंने भारी मन से पैसे दे दिए।

प्रेस क्लब से निकलते हुए गौरीशंकर ने सिगरेट सुलगाई। रात के साढ़े दस बज रहे थे। गाड़ी से सभी लोग पहाड़गंज होटल पहुँचे। गौरीशंकर ने चौधरी से गाड़ी वाले को दिनभर के बाईस सौ रुपए दिलवाए। अगले दिन सुबह मिलने के वादे के साथ, ड्राइवर के साथ ही गौरीशंकर भी निकल गए। रास्ते में ड्राइवर ने गौरीशंकर को कमीशन के दो सौ दे दिए।

गौरीशंकर के जाने के बाद चौधरी पैंट-शर्ट उतारकर लुंगी-बंडी में आ गए और बेड पर लेट गए। अब उनके पेट पर बेल्ट का दबाव नहीं था, तो करवट बदलते ही कमरे में ज़ोर की आवाज़ के साथ उन्होंने गैस विसर्जित की। उन्होंने बताया, 'गैस निकलने से पेट को ही नहीं, दिमाग को भी राहत मिलती है।' एक लम्बी साँस लेकर आगे उन्होंने मधुसूदन से कहा, 'यार! इ गौरिया हम सबको चूतिया बना रहा है। किसी ढंग के आदमी से तो हम लोग मिल नहीं पाए और दिनभर में अच्छा-ख़ासा चूना भी लग गया!'

मधुसूदन ने कुछ नहीं बोला और सोने का नाटक करने लगा।

दिल्ली में दूसरा दिन एक मंत्री के जूनियर स्टाफ को लंच कराने और उसको एक घड़ी गिफ्ट करने में गुज़रा। दोपहर बाद तीनों लोग साउथ एक्स में एक ऐसे व्यक्ति के पास पैरवी करने गए जो ख़ुद अपने टिकट की जुगत में लगा था। उन्होंने अपनी बात बताए बिना, मदद का भरोसा दिया। शाम को चौधरी ने गौरीशंकर से पूछा, 'दो दिन में तो कुछ हुआ नहीं, आखिर हम लोग बड़े नेताओं से कब मिलेंगे?'

गौरीशंकर ने हँसते हुए धीरे-से कहा, 'अरे सर! इतने में घबरा गए? राजनीति में धैर्य चाहिए। अभी हम लोग आपका माहौल बना रहे हैं, पिच पर उतरने से पहले अभी फील्डिंग सज रही है आपके लिए।'

दो दिन में छः-सात हज़ार रुपए खर्च हो गए थे। चौधरी का ब्लड प्रेशर कुछ बढ़ गया था। उन्होंने तत्काल कोटे में सुबह का टिकट करा लिया था। आठ बजे जब गौरीशंकर होटल पहुँचा, तो पता चला चौधरी, मधुसूदन और एच.पी. छः बजे वाली ट्रेन से इलाहाबाद के लिए निकल चुके हैं।

दिल्ली आने से अगर किसी का काम बना तो एच.पी. का। पीसी हॉस्टल के एक सीनियर मिश्रा जी दिल्ली में ही कमिश्नर बन चुके थे। एच.पी. उनसे मॉडल टाउन के उनके ऑफ़िस में आकर मिला। मिश्रा जी की मदद से पुलिस ने कागज़ में मान लिया था कि एच.पी. के पिता अब दुनिया में नहीं रहे। पुलिस की यह रिपोर्ट, माँ की पेंशन शुरू करने के लिए ज़रूरी थी। जब पुलिस की रिपोर्ट मिल गई, तो एक रिटायर्ड कर्नल की मदद से सैनिक कल्याण बोर्ड में पुलिस रिपोर्ट जमा हो गई।

दो महीने बाद माँ के नाम से पेंशन का कागज़ आ गया। चौथे महीने से तीन हज़ार रुपए मिलने लगे तो परिवार को बहुत राहत मिली। लेकिन एच.पी. अबकी गाँव से लौटा तो उसे बहन की शादी की चिंता थी। लेकिन इतनी जल्दी शादी कैसे होती और वह भी आर्थिक तंगी में?

माँ को डॉक्टर से दिखाना था तो एच.पी. माँ और बहन को लेकर इलाहाबाद आ गया। कुछ दिन माँ-बहन यहीं रुकीं रहीं। पेंशन मिलने से एच.पी. के खाने-पीने की मूल दिक़्क़त ख़त्म हो गई थी। फिर भी एच.पी. कभी-कभी घाट पर चाची से मिलने चला जाता और चाची उसे सौ-दो सौ पकड़ा देती थीं। दूसरे साल की परीक्षा आराम से संपन्न हो गई थी।

पिंटू और जीतू का इंजीनियरिंग में एडमिशन के लिए टेस्ट हो चुका था। वे दोनों लोग परीक्षा के बाद गाँव गए और फिर एक महीने बाद कमरे पर लौट आए। उनकी प्रवेश परीक्षा का परिणाम आया तो जीतू का एडमिशन, इलाहाबाद के मोती लाल रीजनल इंजीनियरिंग कॉलेज में इलेक्ट्रॉनिक्स में हो गया था। पिंटू का नाम लखनऊ पॉलिटेक्निक में सिविल डिप्लोमा में आ चुका था।

चूँकि जीतू इलाहाबाद में ही इंजीनियरिंग पढ़ रहा था तो वह कभी-कभी एच.पी. भइया और उनकी माँ से मिलने आता रहता था। पिंटू से बाद में कोई संपर्क नहीं रहा। कुछ दिनों के बाद एच.पी. ने माँ और बहन को गाँव पहुँचा दिया। फिर बर्तन-बिस्तर आदि सामान दूसरे छात्रों को दे दिया और किताबें दोस्तों को। कमरे का शेष किराया चुका दिया और... आठ साल से इलाहाबाद में रहने वाला एच.पी. अचानक गायब हो गया।

उसके कमरे में बस कुंडी लगी थी। अंदर एक कागज़ पर उसने लिख रखा था कि

“अब इस कमरे और शहर में रहने का कोई कारण समझ में नहीं आ रहा है।

हमने इस शहर में क्या किया और अब कहाँ जा रहे हैं, हमें नहीं पता।

आप सभी का सहयोग के लिए धन्यवाद!"

धीरे-धीरे दोस्तों के बीच यह चर्चा चली कि आखिर एच.पी. कहाँ चला गया? एक दोस्त ने बताया कि वह सांसारिक जीवन से संन्यास लेने की बात कह रहा था। किसी ने कहा कि आखिरी बार वह प्रयाग स्टेशन पर लखनऊ की ट्रेन पकड़ते दिखा था। किसी ने बताया कि वह गाँव में भी नहीं है।

एक दोस्त ने कहा, 'अरे लॉ तो पूरा कर लेता, बस आखिरी साल का एग्ज़ाम देना है, कौन-सा क्लास करनी है?'

धीरे-धीरे एच.पी. अतीत बन गया। साल-दो साल में कई दोस्तों ने नौकरी पाकर दिल्ली-नोएडा-चण्डीगढ़-लखनऊ में अपना आशियाना बना लिया। एच.पी. का कोई पता नहीं चला।

तलाश

2020 में जब कोरोना का प्रकोप बढ़ने लगा तब जहाज़ें, बसें, ट्रेनें, कारें, साइकिलें—सब रुक गईं। लोगों की अपनी ज़िन्दगी उनके घर तक सीमित हो गई। मुंबई-दिल्ली-चेन्नई-इंदौर-बंगलुरु से लोग अपने उस गाँव लौटने लगे, जो गाँव कई सालों पहले छूट चुके थे। स्कूल-कॉलेज बंद और सड़कें वीरान हो गई थीं। सायरन बजाते एम्बुलेंस मरीज़ों को लेकर दौड़ते, लेकिन अस्पतालों में जगह भरती जा रही थी। श्मशान घाट में मुर्दों की लाइन लगी थी, मास्क-एप्रन-ग्लव्स पहने परिवार के लोगों को भी अपने प्रियजनों या मृतकों को छूने की मनाही थी। जो अस्पताल में नहीं थे, ऐसे लोगों के लिए इंटरनेट एक वरदान था जिससे लोग *फेसबुक*, *इंस्टाग्राम* और ईमेल से एक-दूसरे का हालचाल जान रहे थे। परिवार के सदस्य *ज़ूम* और *गूगल मीट* से जुड़कर बर्थडे और अंतिम संस्कार में शामिल हो रहे थे।

विदेश में नौकरी करने वाले कई लोग अपने माता-पिता की मृत्यु पर नहीं आ सके। कुछ लोग वापस छोटे शहर लौटे तो फिर वापस महानगरों में नहीं गए। अपनों के बीच ज़िन्दगी की धीमी चाल कइयों को भा गई। यूनिवर्सिटी के दिनों के बैच वालों और मैच वालों को खोज कर लोगों ने व्हाट्सएप ग्रुप्स बनाए। सम्पूर्ण लॉक डाउन के बाद जब धीरे-धीरे लोगों का मिलना-जुलना शुरू हुआ तो तिवारी ने इलाहाबाद 1990

के दशक के ग्रुप में लिखा, "दोस्तो! जो लोग दिल्ली में हैं, वे आएँ। 11 नवंबर को शाम चार बजे प्रेस क्लब में पुराने दोस्त साथ बैठेंगे। मुलाकात होगी, बातें होगी और साथ में खाना-पीना तो होगा ही।"

दरअसल, तिवारी दोस्तों को पार्टी देना चाह रहे थे क्योंकि इलाहाबाद से आने के बाद उन्होंने दिल्ली यूनिवर्सिटी से पीएच-डी की थी लेकिन अठारह साल तक वह एडहॉक और गेस्ट बनकर पढ़ाते हुए संघर्ष करते रहे। थक-हारकर कोरोना के दिनों में अपने गाँव बक्सर चले गए। फिर 2022 में एक इंटरव्यू देने आए और दिल्ली विश्वविद्यालय के एक कॉलेज में स्थायी नौकरी पा गए।

दो दिन बाद तिवारी ने ग्रुप में लिखा कि रणविजय, अरुण, गौतम, कॉमरेड, यादव, रस्तोगी और मधुसूदन ने प्रेस क्लब आने का कन्फर्म किया है। उस दिन देव, निरंजन, शशिकांत और विनोद ने भी नोएडा-गाज़ियाबाद से आने की सहमति दे दी। समर की कम्पनी भी दिल्ली एयरपोर्ट की सिक्योरिटी में लगी थी तो कमान्डेंट से छुट्टी लेकर वह भी आ गया। इस तरह ग्यारह दोस्त दिल्ली के प्रेस क्लब में जुटे। पुरानी बातें होने लगीं। कोरोना में जो सीनियर-जूनियर असमय दुनिया से चले गए, उनकी भी चर्चा हुई।

तिवारी ने दो बोतल बियर पीने के बाद बताया, 'जब वह स्कूल में था तो किसी ने उसे बीएचयू में भी पढ़ने की सलाह दी थी लेकिन उसको लगा कि वह आदमी मज़ाक कर रहा है क्योंकि उसके गाँव में बीएचयू का नाम अस्पताल के कारण अधिक था। इसीलिए मैं इलाहाबाद आ गया और तुम चिरकुट लोग मिल गए!'

अरुण बोला, 'हम तो कुंडा-ऊँचाहार से आगे कुछ नहीं देखे थे, बे! एक बार लखनऊ गए थे, मौसी के लड़के के बिआह में। तबसे मन चुकचुका रहा था कि घर से निकलकर किसी शहर में रहें। हमको याद

है कि कैसे वीआईपी वाला सूटकेस जो मिलिट्री कैंटीन से आया था, उसमें कपड़े, कागज़, कंघी—सब रखकर और दूसरे झोला में भूजा, अचार, घी, ठेकुआ और एक बोरी में चावल, दाल, चना और गुड़ लेकर हम कचहरी बस स्टैंड पर उतरे थे।'

गौतम बोला, 'दिलदार नगर से हमारे साथ ट्रेन में एक और लड़का कोचिंग करने आ रहा था। रामबाग स्टेशन पर उतरकर जब वह रिक्शे पर अपना बैग-बोरिया लाद ही रहा था कि उसका घी का डिब्बा रिक्शे से उलट गया और लगभग एक पाव घी वहीं बह गया। उसका चेहरा भक्क् हो गया और आसपास खड़े लोग हँसने लगे। एक ताँगा वाला बग़ल में खड़ा देख रहा था और अपने घोड़े को लेकर सड़क पर गिरा घी पिलाने आ गया था।'

मधुसूदन बोला, 'अबे सुनो! जब हम पहली बार आए तो दारागंज में बस से उतरे। एक रिक्शे पर सामान लादकर पूरे रास्ते को निहारते चल रहे थे। हमको लगा कि भइया ने जो कमरा किराए पर लिया है, वह एक बड़े बँगले के अंदर, गैराज के ऊपर या तो फिर बँगले में ही बरामदे से लगा हुआ होगा। इसी सोच में चुप्पी मार के बोरिया और सूटकेस का संतुलन बनाए हुए, मकान-दुकान ताकते जा रहे थे। लेकिन जब रिक्शा सोहबतियाबाग के रास्ते, मटियारा रोड पर मुड़ा और फिर दो-तीन गलियों से होता हुआ लेबर चौराहा के पास खुली नाली के किनारे रुका तो हमार साँस धीरे हो गई। ऊ पुराना दो मंजिला मकान देखकर विश्वास ही नहीं हुआ कि आगे के बनवास की जगह यही है। वहाँ रहने तो लगे थे लेकिन कई बार मन हुआ कि भाग जाएँ क्योंकि प्रवेश द्वार से लगभग एक इंच नीचे बहती नाली, अपनी जवानी की दहलीज़ पर खड़ी थी और बरसात आते ही अपनी सरहद पार करने को उतावली हो जाती थी।'

तीन पैग के बाद रणविजय बोल उठा, 'हम दारागंज में जहाँ पहले रहे, वहाँ आमने-सामने के दो लॉज वाले लड़के नहाने के लिए मंदिर के बाहर बम्बे वाले चबूतरे का इस्तेमाल करते थे। कुछ लड़के नहाते समय आने-जाने वालों को देखकर विशेष अंगों पर ज़ोर-ज़ोर-से साबुन लगाकर मलने लगते थे।'

ठहाकों का दौर जारी था। सभी अपनी-अपनी दास्ताँ सुना रहे थे।

देव कुमार ने कहा, 'भाई लोग सुनो! मेरे कमरे की कहानी। गर्मी का दिन था, हमने यादो लॉज में कमरा तो ले लिया था लेकिन टॉयलेट देखा नहीं। वहाँ सीढ़ी के नीचे छोटा शौचालय था जिसमें कम-से-कम बारह लोग और उनके गेस्ट रोज़ाना फ्रेश होते थे। मैं जब उस अँधेरे शौचालय में घुसा तो नाक में दुर्गन्ध इतनी तेज़ी-से घुसी कि लघुशंका पर इमरजेंसी ब्रेक लगाते हुए मैं वहाँ से निकलकर भागा। भागने के लिए झटके से मुड़ा तो सिर ऊपर लड़ गया। तीन दिन तक अपनी "प्राकृतिक पुकार" को आपदा समझकर मैं टालता रहा। लेकिन अंत में विकल्प नहीं होने से, दूसरों की देखा-देखी मैं भी "अँधेरे में फ्रेश" होने का कौशल सीख गया।'

रस्तोगी ने कहा, 'अरे तुम तो बहुत बड़े कलाकार हो! अँधेरे में अब घूस का पैसा गिनना भी सीख गए हो।'

सभी ने ठहाका लगाया। तब तक किसी ने निरंजन से पूछा, 'अबे कहाँ गई ऊ तुम्हारी सहेलिया? उसके बच्चों के मामा तो नहीं बन गए बे?'

हाहाहा के बीच जयशंकर मुस्कुराकर रह गया। अरुण एक मंत्रालय में निदेशक हो गया था। अपना चौथा पैग ख़त्म करते हुए अचानक पूछा, 'अबे ऊ अपना एचपिया (हरि प्रताप) और सुरेश कुछ पता चला? कहाँ हैं वे?' सबने सन्नाटा ले लिया।

तिवारी बोला, 'एच.पी. साला तो अचानक गायब हो गया, अपने बाप की तरह!'

रस्तोगी बोला, 'हम सोमवार के इलाहाबाद जाब, वहाँ एक वकील साहब सुरेश के गाँव के हैंन, उनसे पता करब।'

तिवारी ने अपने डेबिट कार्ड से प्रेस क्लब का बिल भरा और अटेंडेंट को सौ रुपए टिप दी। पार्टी ख़त्म होते-होते रात के बारह बज गए। सभी प्रेस क्लब से निकले और यह तय हुआ कि हम दोस्तों को आपस में जल्दी-जल्दी मिलते रहना चाहिए।

अगले हफ्ते जयशंकर ने ग्रुप में लिखा, "सुरेश का नंबर मिल गया है। वह गाँव में दो बार लगातार प्रधान रहा है। पिछले महीने मुंबई गया था, बेहिसाब दारू पीने से उसके लिवर में कुछ दिक्कत है। अभी वापस गाँव नहीं लौटा है। कुछ दिनों बाद फ़ोन करूँगा।'

कुछ दिनों बाद जयशंकर ने सुरेश के नंबर पर फ़ोन किया तो वह लगातार बिज़ी जा रहा था। बात नहीं हो पाई।

तिवारी कॉलेज में अपनी कक्षा लेने के बाद टीचर्स रूम के बरामदे में धूप में बैठे थे। आदमी पैंतालिस-पचास की उम्र में फिर अपने स्कूल-कॉलेज वाले दोस्तों को खोजता है। फेसबुक देखते हुए तिवारी ने सर्च किया : "हरि प्रताप", "हरी प्रताप", "एच.पी.", "एच.पी. इलाहाबाद"—लेकिन कुछ पता नहीं चला।

उन्होंने अपने फेसबुक पर लिखा, "दोस्तो! मेरे इलाहाबाद यूनिवर्सिटी के दिनों का दोस्त एच.पी. (हरि प्रताप) है। यदि उनके बारे में किसी को पता हो तो बताइएगा।"

एक सप्ताह बीत गया, कुछ पता नहीं चला। तिवारी ने लिंक्डिन में देखा, वहाँ भी कुछ पता नहीं चला। पता नहीं क्या सूझा कि तिवारी ने यूट्यूब पर "हरि प्रताप", "हरी प्रताप", "एच.पी." डाला तो कुछ

वीडियोज़ आ गईं। किसी स्वामी पी. हरि के वीडियोज़ थे। वह लंदन में योग गुरु थे। सफ़ेद वस्त्र, सिर पर बाल नहीं, फिर भी आकर्षक नाक-नक्श। तिवारी को लगा कि यह तो एच.पी. जैसा ही लग रहा है। तिवारी ने वीडियोज़ पर जब आवाज़ सुनी तो उसे लग गया कि यह तो एच.पी. है। उसने वीडियो इलाहाबाद के व्हाट्सएप ग्रुप में भेजी तो सभी ने पक्का कर दिया कि यह स्वामी तो अपना एचपिया है।

फेसबुक पर स्वामी पी. हरि मिल गया।

तिवारी ने दिन में मैसेंजर पर लिखा, “क्या आप इलाहाबाद में पढ़े हैं, स्वामी जी?”

रात आठ बजे, मैसेंजर पर फ़ोन आने लगा। तिवारी बसंतकुंज के एक मॉल में सिनेमा देख रहे थे। जब उन्होंने स्क्रीन पर देखा कि यह तो स्वामी का फ़ोन है, वह बाहर आ गए। जैसे ही तिवारी ने फ़ोन रिसीव किया, उधर से आवाज़ आई, ‘का बे तिवरिया? दिल्ली में हो?’

पहले तो तिवारी थोड़ा हिला, फिर बोला, ‘अरे स्साले! तुमने कितना परेशान किया सबको? हम यहाँ खोजते रहे और तुम स्साले लंदन कैसे पहुँच गए बे?’

देर तक दोनों दोस्त बात करते रहे।

स्वामी ने बताया, ‘वह लंदन से दुबई की फ्लाइट में बैठ रहा है, कल फ़ोन करेगा।’

अगले दिन स्वामी का व्हाट्सएप कॉल आया। उसने बताया कि वह 20 दिसंबर की सुबह लंदन से ब्रिटिश एयरवेज़ की फ्लाइट से दिल्ली आएगा। होटल अशोका में रुकेगा। उसी दिन शाम को वह सभी दोस्तों से मिलना चाहेगा। स्वामी को इलाहाबाद के ग्रुप में जोड़ दिया गया। लेकिन यह रहस्य अभी नहीं खुला था कि एच.पी. कैसे लंदन पहुँचा और कैसे स्वामी पी. हरि बन गया?

एच.पी. ने दिल्ली के होटल अशोक में चेक इन करके, ग्रुप में मैसेज डाल दिया कि शाम को सभी दोस्त उससे होटल में मिलें। उसने होटल में पंद्रह लोगों के लिए एक प्राइवेट रूम बुक करा दिया था। वहीं डिनर था। तिवारी और जयशंकर पहले ही पहुँच गए। दोस्त आपस में गले मिले तो आँखों में आँसू आ गए। थोड़ी देर में घंटी बजी। वेटर चाय लेकर आ गया था। तिवारी ने पूछ लिया, 'कहाँ रहे मे इतने साल?'

एच.पी. ने फिर बताया, एक साल के बाद गाँव में बैठा-बैठा पुराने कागज़ देख रहा था, तो उन्हीं कागज़ों में एमी का दिया हुआ पता मिल गया। अब हम कहाँ लंदन चिट्ठी भेजते? वह तो संयोग से राजू (याद है न वह लड़का जो रसूलाबाद में तैयारी करता था और बाद में इंजीनियरिंग कॉलेज में उसका एडमिशन हो गया था।) उस दिन मेरे गाँव आया था। राजू को हमने एमी का पता दिखाया और कहा कि यह हमको लंदन बुलाई है। लेकिन यहाँ तो झोरी में एक दमड़ी नहीं थी तो कैसे लंदन का प्लान बनाता?

राजू ने कहा, 'भइया! इसको ईमेल लिखिए। हमको तो कंप्यूटर-ईमेल आता नहीं था। तो फिर राजू ने अपनी तरफ से एक ईमेल आईडी बनाई : "एच.पी.61-62@हॉटमेल" तो राजू ने मेरी तरफ से एमी को ऐसे ही एक ईमेल भेज दिया। मैं भी भूल गया। जुलाई में राजू ने ईमेल चेक किया और बताया कि एमी अक्टूबर में दिल्ली आएगी और फिर उत्तराखंड जाएगी। वह चाहती थी कि मैं दस दिन उसका गाइड रहूँ। उसने पूछा था कि क्या मेरे पास समय होगा? उसने मुझसे बैंक डिटेल्स भी माँगी थीं ताकि टैक्सी-होटल के लिए पैसे एडवांस में भेज सके।

दो ईमेल के बाद मैं बाजार में इंटरनेट कैफ़े वाले से अपनी ईमेल खुलवाकर चेक करने लगा और फिर ईमेल भेजना सीख गया। इस

तरह एमी के कहने पर मैं दिल्ली पहुँच गया और पहाड़गंज में एक सस्ता होटल ले लिया। लेकिन तीन दिन से उसका कोई अपडेट नहीं आया था। मुझे लगा कि किसी ने मेरे साथ खेल किया है और फिर मेरा तेल हो गया।

राजू बेंगलुरु में था। मैंने उसे फ़ोन किया कि चेक करे, एमी का कोई ईमेल तो नहीं आया!एमी का ईमेल नहीं आया। राजू किसी मीटिंग में था। अब मैं क्या करता? होटल से निकलकर मैंने ठेले पर छोले-कुलचे खाए और फिर रामकृष्ण आश्रम के सामने चाय पीकर वापस कमरे में लौट आया। पाँच बजे होटल में राजू का फ़ोन आया कि एमी का ईमेल स्पैम में था। वह आज दिल्ली से काठगोदाम एक्सप्रेस लेकर ऋषिकेश निकल जाएगी।'

'मैंने घड़ी देखी। ट्रेन के खुलने में चालीस मिनट का समय बचा था। होटल खाली करके, ऑटो लेकर मैं होटल से नई दिल्ली स्टेशन पहुँचा। अभी ट्रेन खुलने में बारह मिनट बाकी थे। दौड़ते हुए मैं प्लेटफॉर्म नंबर छः तक पहुँच गया। ट्रेन तीन मिनट में चलने वाली थी।

मैंने झाँक-झाँककर कुछ डिब्बे देखे लेकिन एमी कहीं नहीं दिखी। फिर ट्रेन ने सीटी बजा दी। मैं असमंजस में था कि ट्रेन में बैठूँ या उतर जाऊँ। ट्रेन प्लेटफॉर्म पर रेंगने लगी, मेरी साँसें तेज़ हो रही थीं। दो-चार क़दम चलकर ट्रेन अचानक रुक गई। ड्राइवर ने ब्रेक लगा दी थी। मैंने देखा कि टीटी और पुलिसवाले, किसी नेता टाइप आदमी को ट्रेन में चढ़ा रहे थे। तभी मैंने देखा कि कुली के पीछे-पीछे एमी एक बैग लेकर सीढ़ी से उतर रही है। कुली तेज़ी-से सामने वाले डिब्बे की तरफ बढ़ा, एमी हाँफते हुए उसके पीछे आ रही थी। ट्रेन की सीटी बज गई।

सिर से उतारकर कुली ने उसका बैग डिब्बे में फेंका। तब तक दौड़कर मैं डिब्बे में चढ़ा। ट्रेन रेंगने लगी। कुली एमी से अपने पैसे माँग रहा था। मैंने एमी का हाथ पकड़कर डिब्बे में खींच लिया। फिर सीढ़ी पर लटके कुली को सौ-सौ रुपए के दो नोट पकड़ाए। पैसे पाकर कुली चलती ट्रेन से उतर गया।'

'मैंने एमी को पीने के लिए पानी दिया। जब वह थोड़ा रिलैक्स हुई तो फिर हम दोनों बग़ल के डिब्बे में अपनी सीट पर गए। एमी के पास मेरा भी टिकट था। उसने बताया कि होटल में मेरे इंतज़ार में उसे स्टेशन आने में देर हो गई। मुझे बड़ा अफ़सोस हुआ। हम एक दिन ऋषिकेश में थे। फिर जोशीमठ के आगे एक संस्थान में हम दोनों ने योग और ध्यान का दस दिन का प्रशिक्षण लिया। फिर दिल्ली आकर वह वापस लंदन चली गई। जाते समय उसने मुझे कहा कि वह लंदन में योग का एक संस्थान शुरू करेगी। यदि मैं थोड़ा और योग सीख लूँगा तो वह मुझे वहाँ नौकरी दे देगी। मेरा लॉ फाइनल ईयर का एग्ज़ाम होने वाला था लेकिन एमी ने तीन महीने के लिए योग सिखाने और जोशीमठ में रहने का ख़र्च देने का आश्वासन दिया था।

मैंने योग प्रशिक्षण पूरा किया और फिर गाँव आ गया। तीन महीने एमी अपनी कंपनी के रजिस्ट्रेशन आदि में व्यस्त रही। समय निकला जा रहा था। मेरा लॉ का एग्ज़ाम भी छूट गया। फ़्रस्ट्रेशन बढ़ रहा था। कुछ दोस्तों को काम के लिए फोन किया लेकिन नतीजा वही ठन-ठन गोपाल!

जब कुछ होता नहीं दिखा तो मैंने नहर के किनारे की पाँच कट्ठा ज़मीन बेच दी और उस पैसे से बहन की शादी कर दी। मैं बहन को ऐसा

नहीं लगने देना चाहता था कि पिता जी नहीं हैं तो भाई ने ऐसे ही विदा कर दिया। लड़का बैंक में कैशियर हो गया था और अभी पीसीएस की तैयारी कर रहा था। मैंने उसके घरवालों की चाहत के हिसाब से दहेज दे दिया। सुरेश और उसकी पत्नी भी शादी में आए थे। सुरेश ने ही यह शादी तय करवाई थी और अपने ट्रैक्टर से बारात के लिए पूरा राशन और आलू-प्याज़ लेकर आया था। सुरेश ने तीन दिन रुककर मेरे साथ सभी इंतज़ाम करवाए और फिर बारात विदा करवाके गया।'

'बहन की शादी से फ्री हुआ तो एमी का ईमेल आया था। हमने पासपोर्ट बनवाया, वीज़ा लिया। एमी ने फ्लाइट का टिकट भेज दिया था, तो 2002 में दिल्ली से उड़कर लंदन के हिथ्रो एयरपोर्ट पहुँच गया। एमी ने मुझे रिसीव करने के लिए एक टैक्सी भेजी थी। शुरू में मैं लंदन के हैरो इलाके में एक डॉर्मेट्री में रहा। वहीं एमी का एक जनरल स्टोर था। उसकी माँ देखती थी। शुरू में कुछ दिन उसमें काम किया। फिर जब योग सेंटर खुला तो मैं वहाँ से लीवरपूल आ गया। सुबह-शाम योग की कक्षाएँ शुरू हो गईं।

शुरू में इंस्टिट्यूट में योग सिखाने वाले बढ़ नहीं रहे थे। मन में डर था कि कहीं यह प्लान भी न फेल हो जाए, तो फिर बहुत मेहनत की। अपना हुलिया बदला और अपना नाम, स्वामी पी. हरि कर लिया। साथ काम करते-करते, एमी और हम करीब आ गए और फिर लिव-इन में रहने लगे। बाद में 2005 में हमने हरिद्वार आकर शादी की। कुछ महीने लोकल अँग्रेज़ों की भाषा समझने में थोड़ी दिक्कत थी क्योंकि हम लोग तो अटक-अटककर अँग्रेज़ी बोलने वाले रहे। हमको याद है, एक बार सातवीं में घर पर एक रिश्तेदार आए थे। उन्होंने घरवालों की उपस्थिति में कहा कि राम जाता है को ट्रांसलेट करो। पता है मैंने क्या बोला था? "राम इज़ गो!"'

'ख़ैर, योग सीखने वाले आ नहीं रहे थे तो एक ब्रांडिंग मैनेजर ने सुझाया कि एमी एकदम सफ़ेद भारतीय कपड़े जैसे सलवार-कमीज या साड़ी-ब्लाउज़ पहने। एमी ने ऐसे कपड़े पहनना शुरू किया। फिर अपने कारोबार को बढ़ाने के लिए मैंने पार्ट टाइम एमबीए भी किया। इस तरह दस साल लगे लेकिन हमको पत्रकार—योग गुरु—लिखने-बोलने लगे। अब हमारी कंपनी का एक ऑफ़िस लंदन में और एक पेरिस में है। हमारा लड़का बारह साल का और लड़की दस साल की हो गई है। माँ का लंदन जाने का मन नहीं था लेकिन गाँव में अकेले कैसे रहतीं? उनको भी लिवरपूल ले आए। उनके साथ रहने से बच्चे हिंदी बोलना सीख गए हैं और माँ थोड़ा अँग्रेज़ी... लेकिन पिता जी की कमी अभी भी खलती है।'

एच.पी. अपनी कहानी सुना ही रहा था, तब तक रूम की घंटी बजी। कुछ दोस्त और आ चुके थे। सभी दोस्त इतने साल बाद एच.पी. के मिल जाने से खुश थे। माहौल थोड़ा भावुक हो रहा था। फिर सभी होटल के डाइनिंग हॉल में चले गए। सबने अपने-अपने पसंद का पिया और खाया। अपने छात्र जीवन के किस्से सुनाए। कहाँ किसकी लड़ाई हुई थी, किसका दिल प्यार में टूटा, कौन किसका पचास रुपया उधार नहीं दिया, किसने नकल करके एलएलबी पास किया, कैसे देशी पिल्ले को एवॉर्ड मिला, कैसे देशराज नेता म्यूज़िक डिपार्टमेंट से भागे, कैसे फ़र्ज़ी मार्कशीट से पैसे निकाले वगैरा-वगैरा...

वेटर ने इशारा किया कि अब रेस्टोरेंट से कुछ और ऑर्डर करना हो तो कर दें, नहीं तो बंद हो जाएगा। रात के बारह बज चुके थे। दोस्त निकल रहे थे। एच.पी. होटल की लॉबी तक दोस्तों को छोड़ने आया।

निकलते समय जयशंकर ने पूछा, 'सुरेश से टच में हो?'

एच.पी. ने बताया, 'पाँच-छः साल से उससे बात नहीं हुई। कई बार मैंने फ़ोन किया तो उठाता ही नहीं। कभी-कभी दारू पीकर फ़ोन करता था और कहता कि "साले तुम सब बदल गए हो। मुझसे मिलने तुम लोग नहीं आते।" बाद में सुरेश ने अपना नंबर ही बदल लिया।'

एच.पी. ने जयशंकर को कहा कि वह कल सुरेश का नंबर फिर ट्राई करे। अगले दिन जयशंकर ने सुरेश को फ़ोन किया तो फ़ोन सुरेश की पत्नी ने उठाया। जयशंकर ने बताया, 'वह दिल्ली से बोल रहा है; इलाहाबाद के दिनों का सुरेश का दोस्त है और उससे पच्चीस साल से बात नहीं हुई है। अब नंबर मिला है।'

सुरेश की पत्नी ने रुँधे गले से कहा, 'भइया! अभी उनसे बात नहीं हो पाएगी। हम इन्हें दिल्ली लेकर आए हैं, वह आईसीयू में हैं!'

जयशंकर का हाथ काँपने लगा। उसे समझ नहीं आया कि क्या कहे। एक लम्बी साँस लेकर उसने फ़ोन काट दिया और एच.पी. को बोला, 'सुरेश दिल्ली में ही एम्स में भर्ती है और हमें पता भी नहीं!'

अगले दिन सुबह-सुबह ही एच.पी. और जयशंकर, एम्स पहुँच गए। सुरेश की पत्नी और बेटा रोहित मिला। दोनों आईसीयू के बाहर बैठे थे। सुरेश की हालत गंभीर होती जा रही थी। सुबह आठ से नौ बजे एक ही आदमी को आईसीयू में जाने की अनुमति थी। एच.पी. और जयशंकर आईसीयू में जा रहे थे तो गार्ड ने यह कहकर रोक दिया कि एक ही आदमी अंदर जाएगा। डॉक्टर से रिक्वेस्ट करके दोनों अंदर चले गए। अंदर सुरेश के मुँह पर ऑक्सीजन मास्क लगा था। हाथ में ड्रिप चढ़ रही थी। दो-तीन मॉनिटर उसके बेड के बग़ल में थे। उनमें लाल-हरे रंग की रेखाएँ चल रही थीं। सुरेश की आँखें बंद थीं। उसकी आधी देह पर सफ़ेद चादर थी। एच.पी. ने सुरेश का हाथ अपने हाथ में

ले लिया। सुरेश की आँखें धीरे-से खुलीं। उसने एच.पी. और जयशंकर को एक बार देखा। एच.पी. की आँखों से आँसू टपक गए। पता नहीं, नींद के इंजेक्शन का असर था या लाचारी, सुरेश ने फिर आँखें बंद कर लीं।

भारी क़दमों से दोनों दोस्त आईसीयू से बाहर आ गए। दूसरे दिन एच.पी. ने सुरेश के नंबर पर फ़ोन किया। तो सुरेश के बेटे रोहित ने फ़ोन उठाया और रोते हुए बोला, 'अंकल, पापा नहीं रहे! आज सुबह ही अस्पताल में...'

जीवन में कितनी अनिश्चितता है। हम दूर रहते हुए मानने लगते हैं कि जो दुनिया हम पीछे छोड़ आए हैं, वहाँ सबकुछ रुका रहेगा। जबकि एक बीमारी की ख़बर से हमारे सपनों, अरमानों, गुमानों का किला भरभराकर गिर सकता है और हमारी उड़ान का तोता, अपने अस्तित्व के लिए तड़पने लग सकता है।

अब सुरेश को ही देखें, जिसने पूरे हॉस्टल को हँसाया, दोस्तों को गुदगुदाया, एच.पी. को साथ रखा ताकि वह पढ़ सके, कितनों की निस्वार्थ मदद की लेकिन एक झटके में ही सबको रुलाकर चला गया। परिवार पर अनिश्चितता की महादशा में संकट की दशा शुरू हो गई।

अगले दिन एच.पी. को दुबई जाना था लेकिन उसने फ्लाइट रीशेड्यूल कराके वापस जाने की तारीख चार दिन आगे बढ़ा दी। दो दिन बाद एच.पी., तिवारी, जयशंकर दिल्ली से सुरेश के गाँव के लिए निकले। रास्ते में जोनपुर से देशराज ब्लॉक प्रमुख भी साथ हो लिए। वे सब

शाम होते-होते सुरेश के गाँव पहुँचे। मुखाग्नि के बाद घाट से लौट आने के बाद, आगे की प्रक्रिया शुरू हुई। सुरेश का बेटा बरामदे में सर मुंडवाए सफेद कपड़े में तख्त पर बैठा था। उसके बगल में बाँस की एक कईंन रखी हुई थी। पिता की मृत्यु के बाद बारहवीं पास हुए बच्चे पर अचानक बड़ी ज़िम्मेदारी आ गई थी!

वापस चलते समय एच.पी. ने सुरेश की पत्नी अमिता को एक चेक दिया और बोला, 'भाभी! सुरेश का बहुत कर्जा है हम पर! उसने इलाहाबाद के हॉस्टल में हमें नहीं रखा होता तो मैं बीए भी पूरी नहीं कर पाता।'

अमिता बोली, 'जबसे उनको अपनी बीमारी का पता चला था, फ़ोन नहीं उठाते थे किसी का। लेकिन आपके बारे में हमेशा कहते थे कि आप दोस्तों के लिए पीछे नहीं हटते हैं और कितनी भी मुश्किल हो आप हिम्मत नहीं हारते हैं!' अमिता फिर से रोने लगी। कुछ औरतें उसे अंदर ले गईं।

बेटे को सांत्वना देकर एच.पी. और दूसरे दोस्त सुरेश के गाँव से निकल लिए थे। गाँव से बाहर आते हुए एच.पी. ने कहा, 'देखो! यही वक़्त का कमाल है। एक वो दौर था कि कभी कोई चाय पिलाने वाला मिल जाता था तो हम लोग आनंदभवन से मम्फोर्डगंज तक पैदल चले जाते थे। किसी को हवाई चप्पल लेनी होती थी तो पाँच-सात लोग कटरा तक चले जाते थे। समय ही समय था। आज अपने दोस्त की मातमपुर्सी में भी मुश्किल से समय निकालकर हम लोग आए और थोड़ी देर में निकल लिए अपने काम पर! आज सुरेश होता तो यहीं जंगल में मंगल कर देता।'

एच.पी. उर्फ़ स्वामी पी. हरि का आना-जाना दिल्ली-इलाहाबाद तक होने लगा। उसने बताया था कि एक दिन लौटूँगा तो चाची के लिए साड़ी और एक अच्छा पानदान दूँगा; लेकिन समय कहाँ रुका रहता है कि आप आएँगे तो सबकुछ पहले जैसा ही रहेगा। जगजीत सिंह ने सुदर्शन फाकिर की लिखी एक ग़ज़ल भी तो गाई है : "न मोहब्बत, न दोस्ती के लिए / वक़्त रुकता नहीं किसी के लिए!"

अगले साल प्रदेश में ग्राम प्रधान वाला चुनाव हो रहा था। स्वामी पी. हरि, सुरेश की पत्नी अमिता और बेटे से मिलने उनके गाँव गए। हॉस्टल का एक जूनियर सक्सेना, उसी इलाक़े का एसडीएम था। शाम को स्वामी से मिलने सक्सेना भी सुरेश के घर आया। स्वामी ने सुरेश की पत्नी अमिता का परिचय सक्सेना से कराया। सक्सेना को यह भी बताया कि सुरेश का बेटा रोहित अब बेंगलुरु के मेडिकल कॉलेज में पढ़ रहा है और स्वामी के पिता जी के नाम पर बना ट्रस्ट उसका ख़र्च वहन करता है।

चाय के बाद स्वामी ने बोला, 'अबकी अमिता को यहाँ का प्रधान बनाना है, तुम ज़रा वर्तमान प्रधान की जाँच ढंग से करवा दो ताकि उसकी फट के हाथ में आ जाए; और सुनो! लोकल मीडिया में इसकी ऐसी ख़बर चलवा दो कि ई ससुर पोंकने लगे।'

सक्सेना ने कहा, 'सर! अब सुरेश सर नहीं हैं तो हम लोग इतनी मदद तो कर ही सकते हैं। आप निश्चिंत रहिए! डीएम साहब भी अपने मोतीलाल नेहरू इंजीनियरिंग कॉलेज से पढ़े हैं, इसलिए हमारा उनके साथ वही सम्बन्ध है, मार्क्सवाद या राष्ट्रवाद, सबसे पहले इलाहाबाद!'

चलते समय सुरेश के बेटे रोहित को पास बुलाकर स्वामी ने कहा, 'देखो बेटा! ज़िन्दगी में जो भी तुम्हारी मदद करे, उसको कभी मत भूलना। मेहनत करते रहना। कई बार मेहनत का फल मिलने में बहुत देर हो जाती है लेकिन हिम्मत रखोगे तो सब सम्भव है। हमारे ऊपर कई ऋण होते हैं, उन्हें चुकाना होता है। दुनिया मुझे कुछ भी समझे लेकिन मुझे नहीं लगता कि मैं इस जीवन में सभी तरह से ऋणमुक्त हो पाऊँगा। मैं सुरेश का, अपने पिता-माँ का, रसूलाबाद का, चाची का और न जाने कितने दोस्तों, अनजान लोगों का कर्ज़दार हूँ।' यह कहते हुए स्वामी की आँख में आँसू आ गए। आँसू पोंछते हुए स्वामी पी. हरि वहाँ से लखनऊ होते हुए दिल्ली के लिए निकल पड़े।

इलाहाबादी आदमी

साल 2024 की बात है। सरकारी रूप से इलाहाबाद का नाम प्रयाग हो चुका था। महाकुम्भ की तैयारियाँ ज़ोरों पर थीं। संगम और दारागंज के पास वाले इलाके में कई सेक्टर बने थे। सेक्टर-20 में, जहाँ सतनामी, निरंजनी, उदासीन अखाड़ों का टेंट लगता है, उसी लाइन में योग गुरु और क्राइसिस मैनेजमेंट वाले स्वामी पी. हरि का भी शानदार टेंट लगा। बल्लू जी एंड संस से कहकर देशराज नेता ने एक दम चौचक टेंट स्वामी के लिए लगवाया था। स्वामी की पत्नी एमी अपने बच्चों और सास के साथ एक महीने के लिए संगम में प्रवास के लिए आई थी। मेले में स्वामी के भक्तों के अलावा देश-विदेश से बहुत से पुराने दोस्त आने वाले थे।

स्वामी के पुराने दोस्तों के लिए विशेष कॉटेज और बढ़िया भोजन का इंतज़ाम किया गया था। मौनी अमावस्या के बाद भीड़ जब कम हो गई तो आठ-नौ दोस्त शनिवार की रात को स्वामी के आश्रम पर रुके। रात आठ बजे स्वामी का प्रवचन ख़त्म होने के बाद दोस्तों के साथ बैठकी जमी और फिर साथ-साथ खाना शुरू हुआ।

इलाहाबादी आदमी आमतौर पर क़िस्सा-गो होता है और दुनिया के किसी काम के लिए आपको उम्मीद बँधाए रखता है। जैसे आप किसी को बोलें, 'अमेरिकी राष्ट्रपति के यहाँ एक काम है, कइसे होई?'

तो इलाहाबादी आदमी कहेगा, 'देखो! वहाँ न्यूयोर्क में चर्चलेन वाले मनन भइया हैं, अभी दिसंबर में आएँगे तो उनसे ज़ुगाड़ पता चली। वैसे वाइट हाउस में कानपुर का एक आदमी खाना बनाने वाली टीम में है, अख़बार में आया रहा। ओका भी पता करब।'

क़िस्सागोई का आलम यह रहता है कि इलाहाबादी, उन्हीं यूनिवर्सिटी और हॉस्टल के क़िस्सों को बार-बार उसी उत्साह से और बिना कोई शब्द छोड़े जीवन भर सुनाता है (हालाँकि इलाहाबादी को तो मज़ा आता है लेकिन दूसरों के लिए बोरिंग भी हो जाता है; लेकिन इलाहाबादी को दूसरों के मुँह बनाने से घंटा फर्क पड़ता है)।

इधर टेंट में खाना खाते हुए देवकांत ने स्वामी से पूछा, 'तुमने लॉ पूरा किया था या नहीं?'

स्वामी ने हँसते हुए कहा, 'किस्मत में लॉ करना था नहीं! तीसरे साल का एग्ज़ाम नहीं दे पाया। लॉ पूरा हो गया होता तो शर्मा के साथ हम भी बार एसोसिएशन का चुनाव लड़ते।' ठहाके लगाने के बाद स्वामी ने बताया, 'लंदन जाकर बाद में एमबीए कर लिया था हमने और तुम लोगों के साथ जो-जो कुत्तई, मारपीट की थी, सब जीवन में काम आई। योग तो हमने सीखा लेकिन क्राइसिस मैनेजमेंट का गुरु तो मैं इलाहाबाद में तहरी-भात-दाल-चोखा और फीस के ज़ुगाड़ के संघर्ष वाले अनुभव से बन गया।'

राम शरण बोला, 'सही है गुरु, तब ठीक से पढ़े होते तो आज मंझनपुर-सिंगरामऊ-महोबा में कहीं नौकरी कर रहे होते या तो हाईकोर्ट में वकालत। साला ई भौकाल कहाँ होता!' सभी दोस्त मुस्कुराने लगे।

स्वामी कुछ और कहना चाह रहा था लेकिन तब तक तिवारी कुर्सी से खड़ा होकर बोलने लगा, 'एक मिनट, एक मिनट बे! सब लोग चुप हो जाओ।'

सभी अवाक् थे कि क्या हो गया? तभी तिवारी ने एक पैकेट स्वामी की तरफ फेंका।

स्वामी ने पूछा, 'ई का है?'

तिवारी बोला, 'ललका कपड़ा, जिसे तुम इसी मेला में बिछाकर पैसा बटोरे थे।' सभी हँसने लगे।

समर बोला, 'तिवरिया तुम न सुधरे इतने साल में!'

रणविजय ने कहा, 'अमे तिवारी! अरे अब ई पाउंड और डॉलर बटोरत है। इनका नोट गिनने वाली मशीन दो बे और लाल कपड़ा तुम ले जाओ।'

स्वामी मुस्कुराता रहा।

देर तक पुरानी घटनाओं का ज़िक्र होता रहा और सभी दोस्त अपने बीए के दिनों में लौट गए थे। न कोई स्वामी था, न कोई प्रोफेसर, न कोई कर्नल, न कोई पत्रकार, न कोई वकील, न साहब। सभी दोस्त तीस साल पीछे पहुँच गए थे। लेकिन समय भी हमारे लिए लक्ष्मण रेखा खींच देता है। रात के डेढ़ बज चुके थे। ठंड बहुत थी। अगले दिन दोस्तों को अपने-अपने काम पर वापस जाना था, तो तय हुआ कि अब सोया जाए। सभी अपने-अपने कॉटेज में सोने चले गए।

मुझे नींद नहीं आ रही थी। बाहर निकलकर मैंने देखा तो बहुत कुहरा था। रात के ढाई बज गए थे। मैंने एक सिगरेट जलाई और तारों को निहारने लगा। अचानक वहीं स्वामी आ गया। बोला, 'अपनी बुलेट निकाल, थोड़ा घूम के आते हैं!'

मैंने बुलेट निकाली और पूछा, 'कहाँ चलना है?'

ठंड अधिक थी। स्वामी ने जैकेट-टोपी से खुद को ढँका हुआ था। हम बाघंबरी गद्दी से आगे आते हुए एलनगंज की तरफ बढ़ रहे थे। स्वामी ने एक बिजली के पोल के पास बुलेट रुकवाई। स्वामी उतर गया और चुपचाप पाँच मिनट खड़ा रहा। मुझे याद आ गया कि यहीं पर अविनाश पर बम चला था और स्वामी बाल-बाल बच गया था। फिर हम लल्ला चुंगी आए और बुलेट खड़ी करके मैंने एक और सिगरेट सुलगाई। कुछ स्टूडेंट्स प्रयाग स्टेशन से चाय पीकर केपीयूसी-हॉलैंड हॉल की ओर लौट रहे थे।

स्वामी लल्ला चुंगी के सामने की सड़क और बिल्डिंग को निहारता रहा। वहाँ से फिर हम रसूलाबाद घाट चले गए। स्वामी रसूलाबाद घाट पर चाची से मिलने गया। कोरोना के समय लाशों का हिसाब करते-करते, चाची स्वयं राख बनकर गंगा में समाहित हो गई थीं।

रसूलाबाद घाट पर चारों तरफ सन्नाटा पसरा हुआ था। नदी एकदम शांत होकर बह रही थी। थोड़ी देर हम वहीं चुपचाप बैठे रहे।

स्वामी ने कहा, 'अब चचिया भी नहीं रहीं।' स्वामी की आवाज़ थोड़ी भर्राई हुई थी। मुझे उसकी आँखों में नमी दिखी। जब मन स्थिर न हो तो चुपचाप बैठना भी मुश्किल होता है।

थोड़ी देर बाद हमने बुलेट स्टार्ट की और मेहँदौरी कॉलोनी के बीच से तेलियरगंज होते हुए यूनिवर्सिटी की तरफ निकल पड़े। छात्रसंघ भवन वाले यूनिवर्सिटी गेट पर तीन-चार गार्ड दिखे। वे लोग लकड़ी जलाकर आग ताप रहे थे। हमने बुलेट गेट पर ही खड़ी कर दी। गार्ड जहाँ थे, हम उधर ही चले गए। गार्ड सशंकित थे कि हम कौन हैं? हमने उन्हें बताया कि तीस साल पहले यहीं पढ़े थे।

एक गार्ड दो स्टूल ले आया, 'सर आप लोग बइठें!' थोड़ी देर हम वहीं बैठे, आग तापते रहे।

जब मैंने घड़ी देखी तो सुबह के छः बजने वाले थे। हम छात्रसंघ भवन के पास गए और वहाँ शहीद लाल पद्मधर की मूर्ति को नमन किया। सामने छात्रसंघ की लम्बी सूची लगी थी। रामाधीन, लक्ष्मी शंकर, शिव प्रकाश, आरपीएन, अभय, कमल कृष्ण, कुमुदनी, लाल बहादुर, कृष्णमूर्ति, शोभनाथ, उत्पल—सभी के चेहरे सामने आए। कितना समय एक झटके में बीत गया। लगा जीवन रुइया मिठाई की तरह है, जो देखने में गुलाबी भले लगे लेकिन कुछ ही समय में गल जाता है।

हम गेट से बाहर निकले, फिर एसएसएल हॉस्टल के सामने की रोड पर आ गए। वहाँ ठेले पर एक अंगीठी पर चाय बन रही थी। हमने बुलेट रोक दी। अदरक वाली चाय अच्छी थी तो हमने दुबारा पी।

सूर्योदय के साथ नया दिन शुरू हो रहा था। नौ बजे से स्वामी का प्रवचन होना था। उन्हें नहाकर तैयार होना था। सड़क पर भीड़ उतरे,

उससे पहले सोहबतियाबाग होते हुए हम दारागंज की तरफ से कुम्भ मेला क्षेत्र में वापस आ गए। रास्ते भर स्वामी ने कुछ नहीं बोला।

अपने टेंट के पास आकर बुलेट से उतरते हुए स्वामी ने गंभीर मुद्रा में कहा, 'जानते हो बे, जीवन में कितना भी बड़ा पद, प्रतिष्ठा या पैसा मिल जाए, कुछ चीज़ों के छूट जाने का दुःख हमेशा बना रहता है।'